Marco Prey

Gitarre spielen lernen:
Ein praxisorientierter Leitfaden für Anfänger

2. Auflage
© 2015 – Marco Prey
Layout & Satz: Marco Prey
Umschlaggestaltung: Marco Prey
Fotos: Marco Prey
Herstellung und Verlag: BoD - Books on Demand, Norderstedt
ISBN 978-3-8482-3921-4

Inhalt

Vorwort

Ich spiele mittlerweile seit ca. vier Jahren Gitarre oder besser gesagt, ich lerne seit vier Jahren das Gitarre spielen.

Als überzeugter Autodidakt kam für mich ein Gitarrenlehrer oder ähnliches nicht in Frage und da Sie momentan meine Worte lesen, gehe ich davon aus, dass auch Sie entweder Autodidakt sind oder sich neben Ihren Gitarrenstunden noch anderweitig weiterbilden wollen.

Meine erste Gitarre war eine Yamaha Konzertgitarre. Da ich 1,90m groß bin, war ich der Meinung, dementsprechend große Hände zu haben und eine Konzertgitarre schien mir mit ihrem breiterem Hals die bessere Alternative im Vergleich zu einer Westerngitarre. Außerdem – das wusste ich damals aber noch nicht – hat es sich als sehr angenehm herausgestellt, dass meine zarten Bürohände bei der Konzertgitarre auf drei Nylonsaiten trafen. Im Gegensatz zur Westerngitarre, bei der alle Saiten aus Stahl sind, sind bei der Konzertgitarre die unteren drei Saiten, also die dünnsten Saiten, aus Nylon.

Vor einigen Monaten habe ich mir nun eine Westerngitarre (Yamaha APX 500 II) zugelegt und siehe da, nach einer kurzen Umgewöhnungszeit konnte ich auf dieser spielen (von wegen zu große Hände).

Auf der Suche nach geeigneter Lektüre, um mir das Gitarre spielen beizubringen, habe ich einige Bücher gekauft, die für Anfänger sein sollten. Wirklich zufrieden war ich mit keinem Buch. Entweder waren sie kompliziert aufgebaut, behandelten seitenweise nur Musiktheorie oder waren so unübersichtlich, dass sie schwer zu verstehen waren. Es schien mir so vorzukommen, als hätten die ganzen Profis, die Bücher für Anfänger verfassen, nicht mehr den Blick für die Probleme eines Anfängers. Und bei einem Großteil gefiel mir die Songauswahl nicht. Ich weiß ja nicht wie es Ihnen geht, aber ich schöpfe meine Motivation auch aus dem Spaß. Und das Lied „Alle meine Entchen" ist keine Motivation für mich, da es sich in meinen Augen nicht lohnt, für dieses Ergebnis zu üben.

Nach einiger Zeit realisierte ich, dass es gar nicht viele Informationen braucht, um ein Lied zu beschreiben; lediglich die Angabe der Pattern (Schlagmuster) und die benötigten Akkorde.

Von diesem Zeitpunkt an begann ich die für mich wertvollen Songs aus den unterschiedlichsten Quellen zu sammeln und auf eine einfache, verständliche Art und Weise zu notieren. Mit den Grundlagen hatte ich mich ebenfalls vertraut gemacht und so schien es mir fast schon logisch ein Buch darüber zu schreiben, um anderen Anfängern einen leichteren Einstieg zu ermöglichen.

Dieses Buch verfolgt somit zwei Ziele. Ich möchte meine Erfahrungen weitergeben, in der Hoffnung, dass es anderen Einsteigern (die vielleicht auch hauptberuflich stark eingespannt sind oder aus anderen Gründen nicht über beliebig viel Zeit verfügen) hilft und ich möchte einfache Lieder anbieten, die sofort verstanden werden können und dazu noch Spaß bringen.

Oder andersherum. Dieses Buch bietet keinerlei Musiktheorie und ich habe nicht den Anspruch mit einer wissenschaftlichen Abhandlung über das Gitarre spielen zu konkurrieren.

Als kleinen Bonus finden Sie in einigen Kapiteln Links zu der Webseite von diesem Buch. Dort finden Sie noch weitere Quellen zu dem jeweiligen Thema. Außerdem können Sie sich auf der Webseite alle in diesem Buch vorgestellten Lieder anhören.

Ich wünsche Ihnen mit dem Buch viel Spaß und Erfolg!

Hinweis: Die Tatsache, dass in diesem Buch immer die männliche Form (Gitarrenspieler oder Spieler) verwendet wird, ist nicht abwertend gegenüber den Spielerinnen gemeint. Es handelt sich hier lediglich um eine Vereinfachung bei der Schreibform.

Rechtlicher Hinweis: Alle Songs und Liedtexte unterliegen dem Copyright der jeweiligen Rechteinhaber.

Aufbau einer Gitarre

Nachfolgend ist der Aufbau einer halbakustischen Westerngitarre beschrieben.

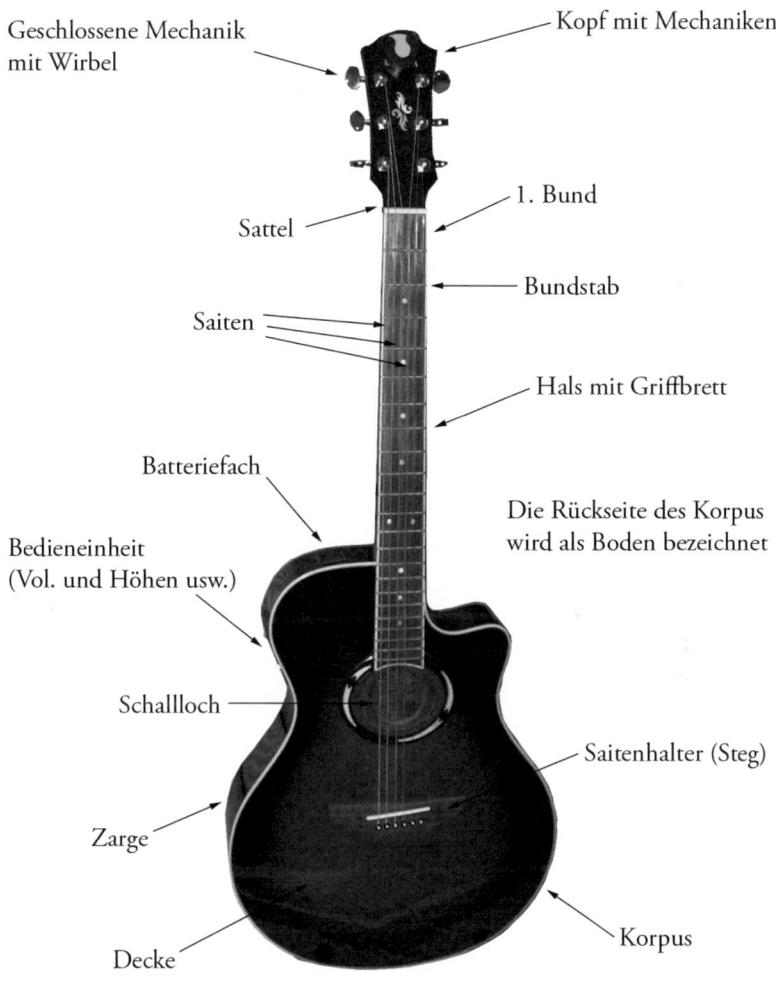

Geschlossene Mechanik mit Wirbel

Kopf mit Mechaniken

Sattel

1. Bund

Bundstab

Saiten

Hals mit Griffbrett

Batteriefach

Die Rückseite des Korpus wird als Boden bezeichnet

Bedieneinheit (Vol. und Höhen usw.)

Schallloch

Saitenhalter (Steg)

Zarge

Korpus

Decke

Die Saitenlänge zwischen Sattel und Steg ist die Mensur

Welche Gitarre ist die Richtige für mich?

Das kann ich Ihnen auch nicht sagen. Wenn Sie ein neues Handy mit einem neuen Tarif haben wollen, dann wird Ihnen der Verkäufer die Frage nach dem für Sie besten Tarif auch nicht beantworten können. Sie müssen sich vorher Gedanken machen, welche Anforderungen Sie an eine Gitarre haben. Sprich, welche Lieder Sie spielen möchten, wie viel Geld Sie ausgeben möchten usw. Und genau dabei kann ich Ihnen helfen. In der folgenden Tabelle finden Sie eine Übersicht der drei unterschiedlichen Kategorien von Gitarren (Ukulele usw. mal außen vor gelassen) mit ihren Eigenschaften / Eigenarten.

Konzertgitarre	Westerngitarre	E-Gitarre*
Breiter Hals Ich empfand es als Einsteiger sehr angenehm, da die Saiten weiter voneinander entfernt sind und somit die Akkorde leichter zu greifen waren.	Schmaler Hals Der Hals einer Westerngitarre ist ähnlich wie der einer E-Gitarre. Im Gegensatz zur Konzertgitarre sind meist mehr Bünde bespielbar.	Schmaler Hals Ist der Westerngitarre sehr ähnlich. Im Gegensatz zur Konzertgitarre sind mehr Bünde bespielbar.
Saiten Die drei oberen Saiten sind aus Stahl und die drei dünnsten Saiten sind Nylonsaiten. Diese sind als Anfänger etwas angenehmer zu greifen.	Saiten Alle sechs Saiten sind bei der Westerngitarre aus Stahl. Wenn Sie als Anfänger, so wie ich, viel üben, dann werden Sie anfangs über leicht schmerzende Fingerkuppen klagen.	Saiten Auch die E-Gitarre hat sechs Stahlsaiten. Durch die zugärmere Bespannung der Saiten ist ein geringerer Druck auf die Saiten nötig. Das wiederum erfreut die Fingerkuppen sehr.

Klang	Klang	Klang
Der Klang ist voluminöser als bei einer Westerngitarre, da er nicht so hell /schrill auf den Nylonsaiten erklingt. Insgesamt wirkt eine Konzertgitarre klanglich dumpfer.	Die Westerngitarre klingt heller /schriller, jedoch nicht unangenehm. Aber da sollte sich jeder sein eigenes Urteil bilden.	Da eine E-Gitarre immer an einen Verstärker angeschlossen sein muss und dieser regelbar ist, können Sie alle möglichen Klänge oder Effekte erzeugen. Allerdings wird eine E-Gitarre nie so puristisch klingen wie eine Akustikgitarre.
Kosten	Kosten	Kosten
Gute Einsteigermodelle von Markenherstellern gibt es ab ca. 200 Euro.	Gute Einsteigermodelle von Markenherstellern gibt es ab ca. 250 Euro.	Ab 250 Euro gibt es die ersten vernünftigen E-Gitarren. Von so genannten Low Budget Komplett-Sets kann ich nur abraten.
Nachteile	Nachteile	Nachteile
Es stehen Ihnen weniger bespielbare Bünde zur Verfügung. Manche Intros wie z.B. von dem Lied „Brown eyed girl" sind daher auf der Gitarre nicht zu spielen.	Einige, wenige Westerngitarren haben wie die Konzertgitarre eine geringere Anzahl an bespielbaren Bünden. Der schmalere Hals und die unteren, dünnen Stahlsaiten können anfangs Probleme beim Greifen bereiten.	Eine E-Gitarre wird nie diesen schönen, puristischen Klang einer akustischen Gitarre haben. Möchten Sie bei jemand anderem spielen, müssen Sie zumindest den Verstärker und ein Kabel mitnehmen.

Zubehör	Zubehör	Zubehör
Bis auf ein Stimmgerät (Ich bin mit meinem KORG GA-1 sehr zufrieden) und einem Plektron brauchen Sie nichts weiter.	Die meisten halbakustischen Westerngitarren (wie meine APX 500 II) haben ein integriertes Stimmgerät. Ansonsten brauchen Sie, wie bei der Konzertgitarre, ein Stimmgerät und ein Plektron.	Einen Verstärker brauchen Sie in jedem Fall, sowie ein Stimmgerät und ein Plektron. Kopfhörer nur dann, wenn Ihre Familie oder Nachbarn darauf bestehen.
Lieder	Lieder	Lieder
Lateinamerikanische Lieder sind die erste Wahl für diese Gitarre. Typische Lagerfeuerlieder klingen noch ganz gut. Rockige Lieder verblassen auf der Gitarre total.	Dem sind eigentlich keine Grenzen gesetzt, es sei denn, Sie haben den Anspruch, nur Lieder wie „Sweet child o' mine" von Guns 'n Roses zu spielen. Sprich Lieder mit vielen Riffs für die E-Gitarre, die auch bestimmte Effekte brauchen.	Alles was rockt! Typische Lagerfeuerlieder wie „American Pie" klingen meiner Meinung nach nicht annähernd so schön wie auf einer akustischen Gitarre. Aber wer hat am Lagerfeuer auch schon eine Steckdose für einen Verstärker?

* Wenn Sie Riffs oder Intros wie beispielsweise von den „Dire Straits – Money for Nothing" oder dergleichen spielen wollen, ist die E-Gitarre sicher ein „Muss", aber seien Sie sich bewusst, dass unheimlich viel Picking dabei ist. Das heißt, dass Sie nicht alle Saiten schlagen, sondern nur einzelne Saiten spielen (auch Fingerstyle genannt). Dabei ist es unerlässlich ein gewisses Tempo zu erreichen (auch bei eigentlich langsamen Songs). Auch gibt es bei der E-Gitarre und den damit verbundenen „coolen Riffs oder Soli" erheblich mehr Spieltechniken, die erlernt werden müssen, wie z.B. Hammer on oder Flic off. Dies soll der Vollständigkeit halber an dieser Stelle noch erwähnt sein.

Wenn Sie sich nun in einen Musikladen ihres Vertrauens begeben, dann möchte ich Ihnen noch einen Tipp mit auf den Weg geben. Lassen Sie sich von den „Verkäufern" (ich war in vielen Läden, aber scheinbar gilt als einziges Einstellkriterium, dass man nur Gitarre spielen können muss) die unterschiedlichsten Modelle vorspielen. Auch wenn manche Verkäufer sich noch die Mühe machen und uns Anfängern erzählen, dass die Decke bei einer Gitarre aus Fichte besteht und bei der anderen aus irgendeinem Edelholz, so bringt uns Anfängern diese Information gar nichts (es sei denn, Sie sind rein zufällig Tischler und können von der Holzart die Klangeigenschaften ableiten). Da Sie selber nicht spielen können, lassen Sie sich möglichst viele Modelle zeigen und auch vorspielen. Unmittelbar miteinander verglichen hört auch der Anfänger die Unterschiede. Wenn Ihnen dann eine Gitarre klanglich ganz gut gefällt, dann nehmen Sie sie auch in die Hand und schlagen die Saiten an.

Wenn Sie das Gefühl haben, dass es mit dieser Gitarre etwas werden kann, dann ist schon mal viel gewonnen. Kaufen Sie sich keine Gitarre, nur weil sie beispielsweise das beste Preis-Leistungsverhältnis hat, sondern achten Sie vielmehr darauf, dass Sie die Gitarre gut finden und einfach ein gutes Gefühl haben. Sie werden noch früh genug auf Ihre Gitarre schimpfen (oder vielleicht ging es auch nur mir so), aber dann sind Sätze wie: „Ich wusste ja von Anfang an, dass das mit uns nichts wird", schnell ausgesprochen.

Abschließend möchte ich noch meine persönliche Meinung für eine Allround Lösung vorstellen. Da ich seit ein paar Monaten stolzer Besitzer eines Marshall Verstärkers bin, kann ich sagen, dass eine halbakustische Westerngitarre mit Verstärker einer E-Gitarre zwar nicht direkt Konkurrenz macht, aber eine sehr nette Zwischenlösung darstellt. Ich kann aber im Gegensatz zur E-Gitarre jeder Zeit den Stecker ziehen und meine Gitarre mitnehmen oder einfach so den puristischen Klang genießen.

Notwendiges und optionales Zubehör

Plektron:
In jedem Fall brauchen Sie ein Plektron. Es ist zu Beginn erheblich einfacher als mit den Fingern zu spielen.
Für einen Anfänger ist ein Plektron mit einer Stärke von ca. 0.50 mm empfehlenswert. Ein dünneres Plektron hat gegenüber einem dickeren den Vorteil, dass Sie nicht so schnell in den Saiten hängen bleiben und auch leicht verzogene Anschläge noch relativ gleichmäßig klingen. Ein dickeres Plektron ist nicht so fehlerverzeihend und schwieriger zu spielen.

Stimmgerät:
Auch ein Stimmgerät gehört zu dem notwendigen Zubehör. Die einfachste Methode eine Gitarre zu stimmen, ist mit einem elektronischen Stimmgerät. Ich kann aus eigener Erfahrung das KORG GA-1 empfehlen.
Sie können damit akustische Gitarren, aber auch E-Gitarren stimmen. Es ist einfach zu bedienen und dauert auf Grund seiner Genauigkeit meist nur ein bis zwei Minuten. Die Kosten für das KORG GA-1 belaufen sich auf ca. 12 Euro.

Metronom:
Um bei den technischen Geräten zu bleiben; ein Metronom ist für das Rhythmustraining unerlässlich. Ich verwende ein KORG MA-30 und bin damit sehr zufrieden. Es lassen sich schnell unterschiedlichste Takte oder bpm's einstellen und das Gerät arbeitet bisher sehr zuverlässig.

Gitarrenständer:
Auf einen Gitarrenständer sollten sie auf keinen Fall verzichten. Die Lagerung der Gitarre sollten Sie nicht dem Teppich überlassen, außerdem ist die Gefahr groß, dass früher oder später jemand drauf tritt oder etwas drauf fällt. Günstige Gitarrenständer beginnen bei ca. 20-30 Euro und sind meines Erachtens vollkommen ausreichend. Neben den klassischen Gitarrenständern, die auf dem Boden stehen, gibt es auch welche zur Wandmontage.

Gigbag / Gitarrenkoffer:
Wollen Sie Ihre Gitarre häufiger transportieren, dann ist ein sogenanntes Gig-bag eine sinnvolle Investition. Im Prinzip ist dies nichts anderes als ein Ruck-sack für eine Gitarre. Gigbags sind ab ca. 20 Euro zu erwerben.
Da die Gigbags nicht viel Polsterung vorweisen können, sollten Sie beim Transport vorsichtig sein. Soll Ihre Gitarre absolut sicher verpackt sein, so müssen Sie einen Gitarrenkoffer kaufen.

Saitenwechsel:
Abhängig davon wie oft Sie spielen, müssen Sie ca. alle sechs Monate die Saiten wechseln. Das können Sie selber machen oder Ihre Gitarre zu einem Shop bringen, bei dem das dann jemand für Sie erledigt. Sollten Sie die Saiten selber tauschen, dann benötigen Sie dazu lediglich einen Saitenschneider. Je nach Shop liegen die Kosten bei ca. 20 Euro für neue Saiten inkl. aufziehen lassen.

http://www.gitarren-leitfaden.de/saitentauschen.html

Kapodaster:
Früher oder später werden Sie ein Kapo brauchen (Vgl. S. 18) und da kann ich Ihnen die Kapos von Kayser empfehlen. Diese kosten um die 12 Euro und sind qualitativ gut verarbeitet.

Fußbank:
Weiteres, optionales Zubehör könnte eine Fußbank sein. Für manche Spieler ist die Beinposition zu niedrig, wenn Sie auf einem Stuhl oder Hocker sitzen und damit auch die Gitarrenposition. Als Folge dessen lässt es sich schlechter spielen. Abhilfe schafft hier eine Fußbank, auf der Sie das Bein stellen können, auf dem Ihre Gitarre aufliegt.

Notenständer:
Des Weiteren könnte ein Notenständer hilfreich sein, um darauf z.B. einen Block, auf dem Akkorde und Strummings verzeichnet sind, Bücher, aus denen

Sie Lieder spielen wollen oder Ihren aktuellen Trainingsplan, abzulegen. Da ich immer mal ganz gerne Lieder aus dem Internet spiele, schreibe ich mir die Akkorde und Strummings auf und stelle den Block mit den Informationen oder auch ein Tablet auf meinen Notenständer.

Feedback Buster:
Ein Feedback Buster ist im Prinzip nichts anderes als ein Gummideckel, der in das Schallloch gesetzt wird. Er reduziert die Lautstärke und ermöglicht somit ein leiseres Spielen ohne sich beim Spielen einschränken zu müssen. Feedback Buster kosten um die 15 Euro und sind modellabhängig. Achten Sie beim Kauf darauf, dass Sie einen für Ihr Gitarrenmodell passenden bekommen.

Looper:
Mit einem Looper können Sie Melodien, z.B. Riffs oder auch eine Begleitmelodie, für ein Lied aufnehmen und anschließend in einer Endlosschleife abspielen lassen.
Start und Ende der Einspielzeit werden mit dem Fuß über ein Pedal am Looper gesteuert. Viele Looper besitzen von Haus aus diverse Schlagzeugrhythmen, die Sie beim Spielen unterstützen bzw. begleiten können. Sie können auch den Part der Rhythmusgitarre eines Liedes aufnehmen, lassen diesen dann „loopen" und spielen dann mit der E-Gitarre die Riffs dazu.

Verstärker:
Sollten Sie E-Gitarre spielen oder für Ihre halb akustische Gitarre einen Verstärker suchen bzw. in ersterem Fall auch wirklich brauchen, dann bekommen Sie ganz gute Verstärker für um die 100 Euro. Abhängig davon, wie viel Power der Verstärker haben soll, bzw. welche Effekte, welche Ein- und Ausgänge usw., lässt sich der Preis natürlich problemlos in die Höhe treiben.

Overdrive (Distortion) und Reverb (Nachhall) sollte der Verstärker jedoch haben. Die 15 Watt, die mein Verstärker hat, sind vollkommen ausreichend, um auch mal lauter spielen zu können.

Gitarrengurt:
Es macht durchaus Sinn - insbesondere für E-Gitarrenspieler -, sich einen Gitarrengurt zu kaufen, auch wenn Sie nur im Sitzen üben. Da die E-Gitarre schwerer und kleiner als eine akustische Gitarre ist, ist sie schlechter aufrecht zu halten und ein Gitarrengurt erleichtert es Ihnen, die Gitarre in einer guten Position zum Spielen zu halten.

Lagerung der Gitarre:
Denken Sie bitte daran, dass Ihre Gitarre aus Holz besteht und da Holz bekanntlich „arbeitet", sollten Sie es vermeiden Ihre Gitarre wechselnden klimatischen Bedingungen auszusetzen. Damit ist gemeint, dass ein Platz direkt an der Heizung, die im Winter voll aufgedreht ist, eher ein ungeeigneter Platz ist. Auch eine sehr hohe Luftfeuchtigkeit führt nur zu einer schnellen Alterung, da das Holz leicht aufquillt und sich bei wärmerer und trockener Luft wieder zusammen zieht. So können Risse in der Decke der Gitarre entstehen. Ein Ort mit ungefähr gleichbleibenden Wärme- und Feuchtigkeitsverhältnissen ist optimal für eine Gitarre.

Was ist ein Kapo?

Ein Kapo (steht für: Kapodaster) ist eine Klammer, mit der sich die Anzahl der spielbaren Bünde verkürzen lässt. Der Einsatz eines Kapos hat immer zur Folge, dass das Lied dann höher klingt. Dies macht z.B. Sinn, wenn Sie ein Lied an Ihre oder eine Gesangsstimme anpassen möchten. Mit Hilfe des Einsatzes eines Kapos können Sie das Lied unter Beibehaltung der Akkorde höher spielen.

Einige Lieder in diesem Buch können auch mit Kapo gespielt werden, um wie das Original zu klingen. Üben Sie die Lieder bitte zuerst ohne Kapo und wenn Sie diese dann spielen können, versuchen Sie es mit einem Kapo. Mit Kapo zu spielen ist daher schwieriger, weil die Bünde immer kleiner werden, je näher Sie dem Korpus der Gitarre kommen. Wenn Sie ein Kapo an ihre Gitarre befestigen, dann platzieren Sie das Kapo bitte immer dicht hinter dem Bundstab des Bundes, in dem Sie das Kapo anbringen möchten. Sitzt das Kapo zu weit weg vom Bundstäbchen, kann es – es muss nicht sein – zu einem Schnarren der Saiten kommen.

Wie halte ich ein Plektron?

Zuerst möchte ich Ihnen empfehlen ein Plektron mit geringer Dicke (ca. 0.50mm) zu verwenden. Das erleichtert den Einstieg, auch wenn es ein lauteres Geräusch beim Auftreffen auf die Saiten verursacht.

Zur Position des Plektrons : Das Plektron befindet sich in der Verlängerung des Zeigefingers. In dieser Position können Sie sehr entspannt spielen.

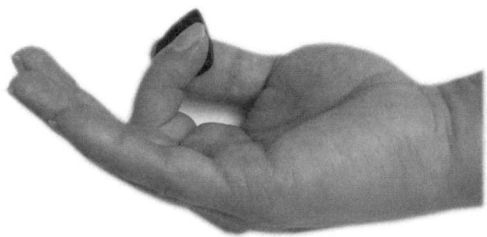

Sollten Sie Probleme beim Greifen des Plektrons haben, dann gibt es neben den üblichen Plektren noch Nylon Plektren mit Grip. Durch eine genoppte Oberfläche bieten diese Plektren einen besseren Halt. Beim Percussionschlag oder wenn Saiten abgedämpft werden müssen, spielen Sie mit geöffneter Hand. Daher empfehle ich von Anfang an immer mit geöffneter Hand zu spielen. Es ist auch erheblich entspannter, als mit einer leichten Faust zu spielen.

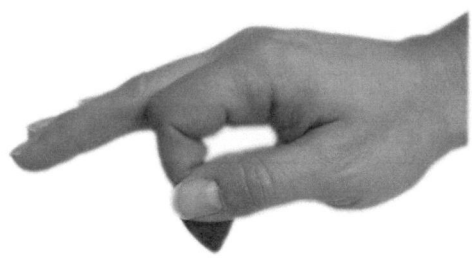

Der richtige Griff

Allgemeinhin wird Anfängern empfohlen, den Daumen hinter dem Hals der Gitarre zu halten. Und das macht auch Sinn, da Sie ihre Hand immer „rund" um den unteren Teil des Gitarrenhalses führen sollen. Das geht aber nur, wenn Sie mit dem Daumen hinter dem Gitarrenhals nicht zu hoch greifen.
Berühren Sie mit der Handfläche den unteren Teil des Gitarrenhalses, so kann es schnell passieren, dass Sie dadurch auch die unterste Saite berühren und somit den Klang negativ verändern.
Des Weiteren ist es sehr schwer Akkorde wie beispielsweise D-Dur zu greifen, wenn die Handfläche am Gitarrenhals anliegt, weil Sie der unteren Saite zu nah sind und nicht mehr „rund" greifen können. Als Fortgeschrittener sollte der Daumen auf dem Gitarrenhals „abgelegt" werden, bzw. ein wenig darüber hinweg gucken. Das ist auch teilweise notwendig, da Akkorde wie z.B. D/F# es erfordern, mit dem Daumen die tiefe E-Saite zu greifen.

RICHTIG   FALSCH

Beim linken Griff wird „rund" um den unteren Teil des Gitarrenhalses gegriffen. Beim rechten Griff drückt die Handfläche von unten gegen den Gitarrenhals und berührt die erste Saite, die dann nicht mehr einwandfrei klingt.

Anschlag- und Spieltechniken

Es gibt viele verschiedene Möglichkeiten Gitarre zu spielen. In diesem Kapitel möchte ich Ihnen einen Überblick über die wichtigsten Techniken geben.

Strumming:
Mit der Bezeichnung Strumming ist der normale Wechselschlag gemeint, der sich aus Ab- und Aufschlägen zusammensetzt. Dabei werden die für den jeweiligen Akkord gültigen Saiten mit einem Plektron oder Finger(n) angeschlagen. Die Abfolge von Ab- und Aufschlägen ist in ihrer Geschwindigkeit und Reihenfolge variabel, abhängig vom Takt und vom Schlagmuster.

Fingerpicking:
Beim Fingerpicking werden einzelne Saiten entweder mit einem Plektron oder mit den Fingern gespielt (gezupft). Es kann durchaus vorkommen, dass mehrere Saiten gleichzeitig gezupft werden. Wenn ein Lied dies erfordert, dann ist das mit einem Plektron nicht mehr zu realisieren, da es unmöglich ist, mit einem Plektron mehrere Saiten gleichzeitig zu spielen.

Muting:
Unter Muting wird das Abdämpfen der Saiten zu einem bestimmten Zeitpunkt im Lied verstanden. Dazu wird die Hand mit der Handkante auf die Saiten gelegt.

Percussion:
Meint einen Percussionschlag, das heißt, dass mit einem Abschlag gleichzeitig die Handkante die Saiten abdämpft. Es erklingt dann kein Ton mehr, sondern nur noch das Geräusch, dass das Plektron macht, wenn es über die Saiten nach unten gezogen wird. Das Geräusch ähnelt ein wenig der Snare Drum bei einem Schlagzeug.

Bending:

Beim Bending wird ein Finger auf eine Saite gelegt und diese dann mit einem Finger oder Plektron angespielt. Während der Ton erklingt, wird die Saite nach oben oder auch unten geschoben, so dass sich der Ton verändert. Wird die Saite, während der Ton erklingt, im ständigen Wechsel nach oben und unten bewegt, dann „eiert" der Ton.

Hammer on:

Ein Hammer on ist das schnelle Auftippen auf eine Saite mit der Fingerkuppe der Akkordhand. Es wird quasi auf die Saite gehämmert. Der Finger bleibt nach dem Auftippen auf der Saite liegen und es erklingt ein Ton.

Pull off:

Auch Flic off genannt. Ein Pull off erklingt, wenn Sie mit der Akkordhand eine Saite herunterdrücken und nun den Finger nach unten wegziehen und die Saite loslassen. Ein Pull off folgt meist einem normalem Anschlag auf eine Saite oder einem Hammer on.

Slide:

Ein Slide ist das schnelle Entlangfahren auf einer Saite, die zuvor herunter ge-drückt und dann gespielt wurde. Während der Ton erklingt, wird der Finger in Richtung des Gitarrenkopfes oder in die andere Richtung gezogen, ohne dabei die Saite zu verlassen.

Arpeggio:

Bei diesem Stil werden die Noten nicht gleichzeitig wie bei beispielsweise einem Akkord gespielt, sondern nacheinander. Der Akkord wurde sozusagen in seine einzelnen Bestandteile zerlegt.

Wichtige Akkorde – Die „Big Eight"

Ohne Akkorde geht gar nichts und somit verwenden Anfänger auch einen großen Teil (neben dem Rhythmustraining) ihrer Zeit darauf, Akkorde zu üben. Stellt sich nun die Frage, mit welchen Akkorden begonnen wird. Und diese Frage beantworten die „Big Eight", zu denen die folgenden Akkorde gehören: A-Dur, D-Dur, E-Dur, A-Moll, E-Moll, D-Moll, C-Dur und G-Dur. Ich habe die Akkorde nacheinander in drei Schritten erlernt.

Schritt 1: A-Dur, D-Dur und E-Dur
Schritt 2: A-Moll, D-Moll und E-Moll
Schritt 3: C-Dur und G-Dur

Wenn Sie diese erst mal greifen können, dann können Sie auch schon eine Menge Lieder spielen, zumindest theoretisch. Sicherlich ist mit den Akkorden alleine nichts gewonnen. Das Strumming zu dem jeweiligen Lied müssen Sie auch können. Das zu erlernen geht aber meist schneller, als Akkorde zu lernen. Viele der Lieder, die später in diesem Buch erklärt sind, verwenden diese Akkorde und für schwerer zu spielende Lieder müssen Sie dann „nur noch" ein bis zwei weitere Akkorde lernen.
Diese Aussicht empfand ich als motivierend. Ich finde es toll und motivierend ein neues Lied zu sehen, bei dem ich die Hälfte der Akkorde schon beherrsche, als ein Lied von Grund auf an neu zu erlernen. Aber manche Leute suchen ja auch diese Herausforderungen.

Oberhalb der Akkord-Diagramme gibt es teilweise ein oder mehrere „o" sowie „x". Ein „x" signalisiert, dass die Saite nicht gespielt wird und ein „o" signalisiert, dass die Saite gespielt wird. Saiten, die gegriffen werden, werden natürlich immer angeschlagen.

Die Trainingspläne zum Üben der Akkorde finden Sie unter dem folgenden Link:

http://www.gitarren-leitfaden.de/trainingsplan.html

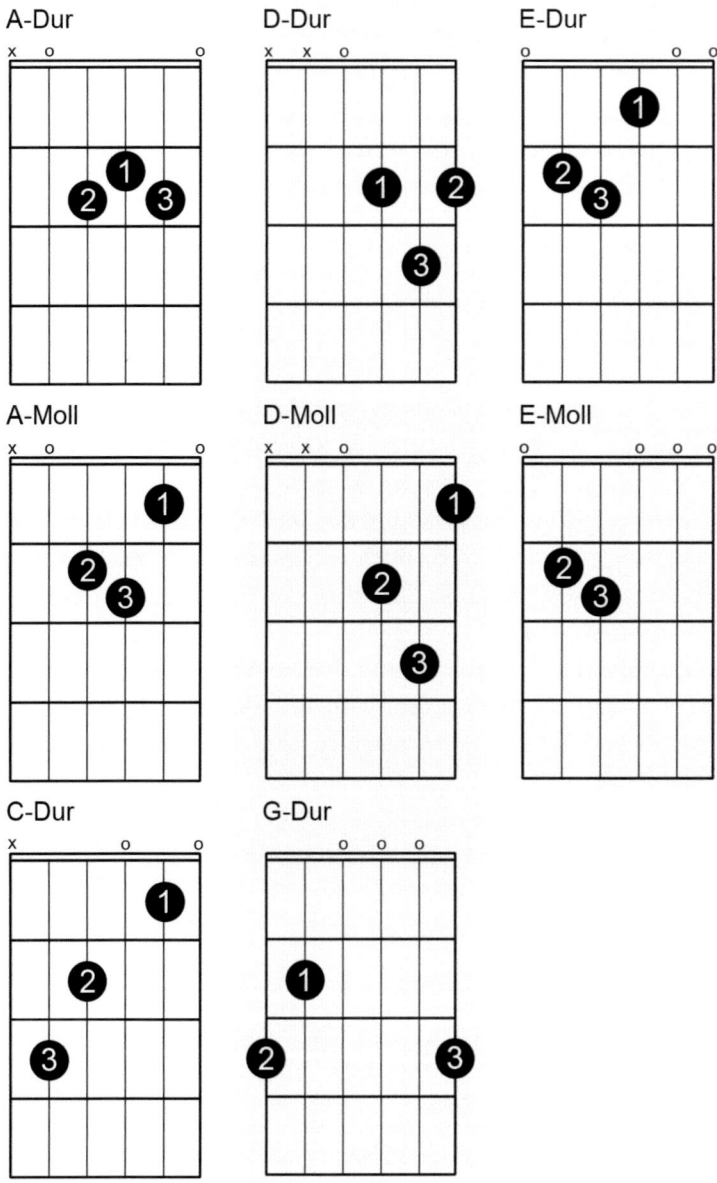

A-Dur   D-Dur   E-Dur

A-Moll   D-Moll   E-Moll

C-Dur   G-Dur

Noch mehr Akkorde

Die „Big Eight" und die folgenden Akkorde werden für die Lieder in diesem Buch benötigt. Es gibt natürlich noch viele weitere Akkorde, aber wenn Sie diese hier aufgeführten Akkorde beherrschen, haben Sie sich bereits eine gute Basis angeeignet.

Nun möchte ich Ihnen noch einige Erklärungen zur Notation von Akkorden mit auf den Weg geben.
Die ganz linke Saite ist die dickste Saite (tiefes E) und die ganz rechte Saite ist die dünnste Saite (hohes E).
Bitte merken Sie sich, dass die Saiten einer Gitarre wie folgt benannt sind. E, B, G, D, A, E (von rechts nach links oder von der dünnsten Saite zur dicksten Saite).
Wenn von der dritten Saite die Rede ist, dann ist immer die G-Saite gemeint, da die Saiten vom hohen E bis zum tiefen E durchnummeriert sind.
In den meisten Ländern wird die zweite Saite durch ein B gekennzeichnet. In Deutschland und einigen wenigen anderen Ländern ist sie jedoch durch ein H gekennzeichnet.

Oberhalb der Akkord-Diagramme gibt es teilweise ein oder mehrere „o" sowie „x". Ein „x" signalisiert, dass die Saite nicht gespielt wird und ein „o" signalisiert, dass die Saite gespielt wird. Saiten, die gegriffen werden, werden natürlich immer gespielt.

Welche Finger auf welche Saite gehören, entnehmen Sie bitte der nachfolgenden Legende.

Legende:
0 = Daumen (D)
1 = Zeigefinger (ZF)
2 = Mittelfinger (MF)
3 = Ringfinger (RF)
4 = kl. Finger (KF)

A7

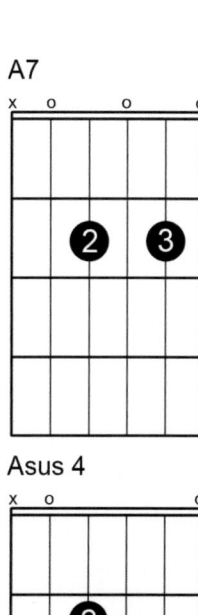

A-Moll 7

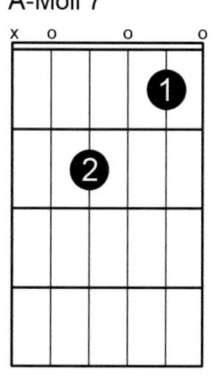

Asus 2

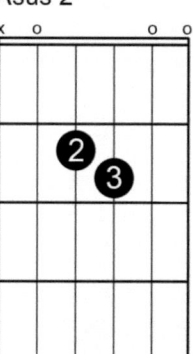

Asus 4

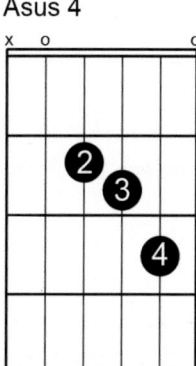

B7

B7 sus 4

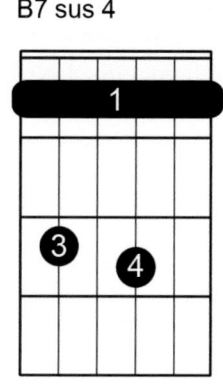

B-Moll

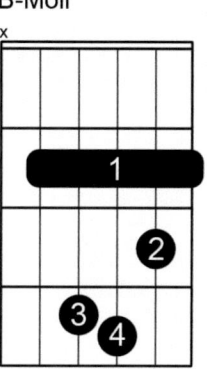

C7　Cadd9　C/G

D7　D/F#　Dsus 2

Dsus 4　Dmaj7

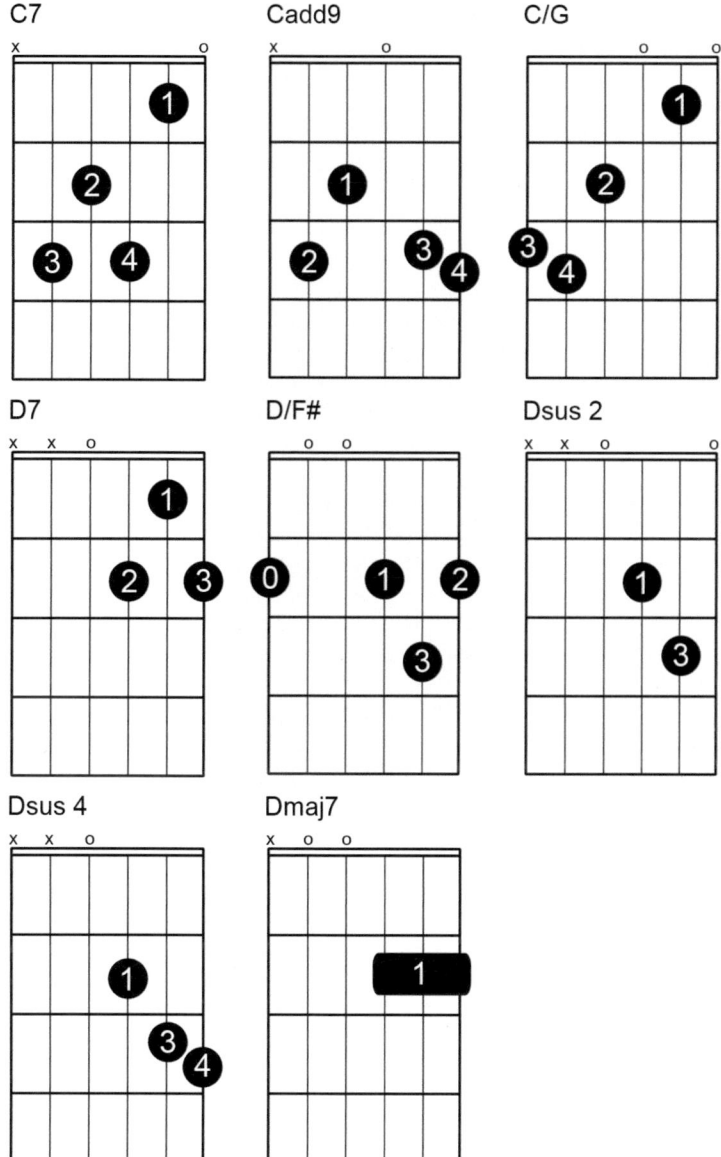

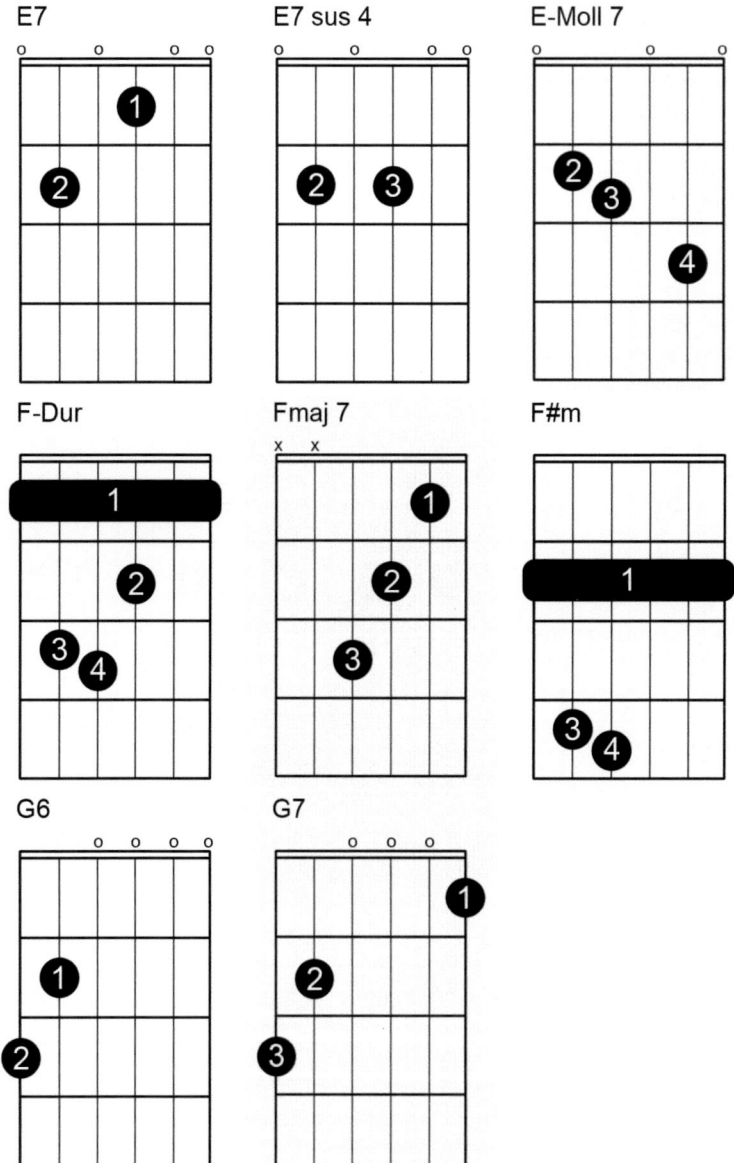

E7

E7 sus 4

E-Moll 7

F-Dur

Fmaj 7

F#m

G6

G7

Akkorde – Nicht immer werden alle Saiten angeschlagen

Ja, leider wird es nun noch ein wenig schwieriger. Es reicht nicht nur Akkorde greifen zu können. Es gehört auch dazu zu wissen, welche Saiten zu welchem Akkord angeschlagen werden.

Dazu mehr in der folgenden Tabelle:

Akkord	Saiten, die gespielt werden
A-Dur	Die untersten 5 Saiten
A-Moll	Die untersten 5 Saiten
A7	Die untersten 5 Saiten
Asus 2	Die untersten 5 Saiten
Asus 4	Die untersten 5 Saiten
E-Dur	Alle Saiten
E-Moll	Alle Saiten
E-Moll 7	Alle Saiten
E7sus 4	Alle Saiten
E7	Alle Saiten
D-Dur	Die untersten 4 Saiten
D-Moll	Die untersten 4 Saiten
Dmaj7	Die untersten 5 Saiten
D-Moll 7	Die untersten 4 Saiten
Dsus 2	Die untersten 4 Saiten
Dsus 4	Die untersten 4 Saiten
D/F#	Die untersten 4 Saiten
D7	Die untersten 4 Saiten
C-Dur	Die untersten 5 Saiten
C7	Die untersten 5 Saiten
C/G	Alle Saiten
B7	Die untersten 5 Saiten
B7sus 4	Alle Saiten

Akkord	Saiten, die gespielt werden
B-Moll	Die untersten 5 Saiten
G-Dur	Alle Saiten
G-Moll	Alle Saiten
G6	Alle Saiten
G7	Alle Saiten
F-Dur	Alle Saiten
Fmaj 7	Die untersten 4 Saiten
F#m	Alle Saiten

Hinweis: Obige Tabelle bezieht sich auf Downstrums. Bei einem Upstrum werden fast immer nur die unteren 4 Saiten angespielt. Das Plektron von ganz unten nach ganz oben über alle Saiten zu ziehen würde auch nicht gut klingen, da die oberen Saiten sehr dumpf klingen.

Exkurs: Gleicher Akkord – anderer Griff

Bisher dachten Sie wahrscheinlich, dass Akkorde nur auf eine Art und Weise gegriffen werden können, jedoch gibt es einige, die unterschiedlich gegriffen werden können.

Akkorde teilweise anders zu greifen macht z.B. immer dann Sinn, wenn der Wechsel auf den darauffolgenden Akkord dadurch leichter fällt.

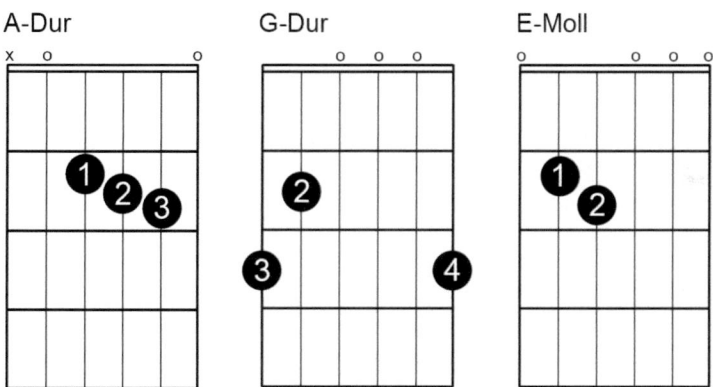

Der Griff des Akkords A-Dur von Seite 24 bietet den Vorteil, dass alle Finger so nah am Bundstab sind, wie es möglich ist. Denn: Je weiter Sie vom Bundstab entfernt auf eine Saite greifen, desto stärker müssen Sie sie herunter drücken, damit sie einwandfrei klingt. Angenehmer, was die Anordnung der Finger angeht, ist jedoch der hier aufgeführte Griff. Und sollten Sie von E-Moll auf A-Dur wechseln oder umgekehrt, dann geht dieses auch leichter mit obigem Griff.

G-Dur lässt sich auch anders greifen. Wie oben abgebildet greift der Zeigefinger nun gar nicht mehr ins Geschehen ein (Vgl. S. 24). Wenn Sie aber von C-Dur auf G-Dur oder umgekehrt wechseln wollen, dann geht das leichter, wenn Sie G-Dur wie hier aufgeführt greifen. Sie müssen, um von C-Dur auf G-Dur zu wechseln, lediglich mit dem Ring- und Mittelfinger eine Saite tiefer greifen, den Zeigefinger von der Saite nehmen und mit dem kleinen Finger die hohe E-Saite herunter drücken.

Power Chords – Wenn es rockig klingen soll

Power Chords bieten Ihnen die Möglichkeit rockige Lieder auch dementsprechend zu spielen bzw. erklingen zu lassen. So ist es z.B. möglich, bei dem Lied „Knockin' on heaven's door" die Akkorde G-Dur, C-Dur, A-Moll und D-Dur gegen die Power Chords G5, C5, A5 und D5 (Power Chords werden immer so notiert: X5) auszutauschen.

Die 5 nach dem Buchstaben bei der Bezeichnung eines Power Chords kommt daher, dass ein Power Chord sich immer aus einem Grundton und einer Quinte (lateinisch: der Fünfte) zusammensetzt. C5 hat demnach ein C als Grundton und ein G als Quinte (C-D-E-F-G, 5. Ton der Tonleiter).

Einfach beschrieben lässt sich also der Standard Power Chord wie folgt beschreiben bzw. auf der Gitarre finden:

Die Quinte eines beliebigen Tons befindet sich immer eine Saite höher und zwei Bünde weiter. Soll auch die Oktave zu dem Grundton gespielt werden, so wird diese zwei Saiten höher und zwei Bünde weiter gefunden.

Insbesondere mit einer E-Gitarre macht es Sinn Power Chords zu spielen, da es mit Overdrive (Distortion) nach einem sehr dominanten Ton klingt und nicht so schwammig wie bei Moll oder Dur Akkorden, die mit Overdrive gespielt werden.

Übersicht der wichtigsten Power Chords

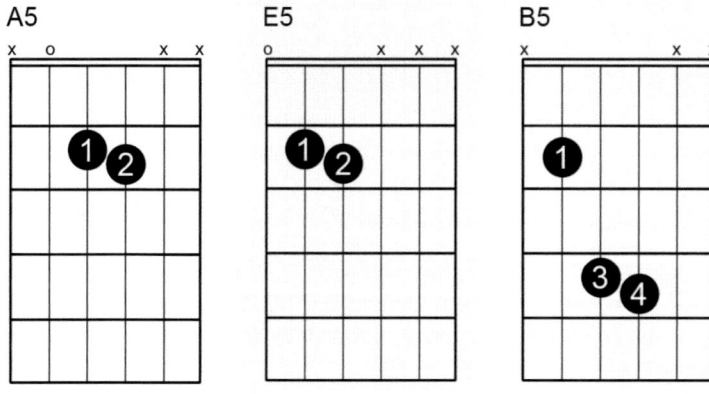

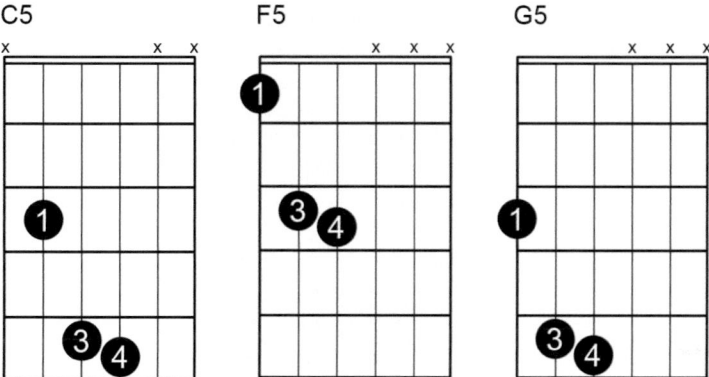

Übersicht der Power Chords

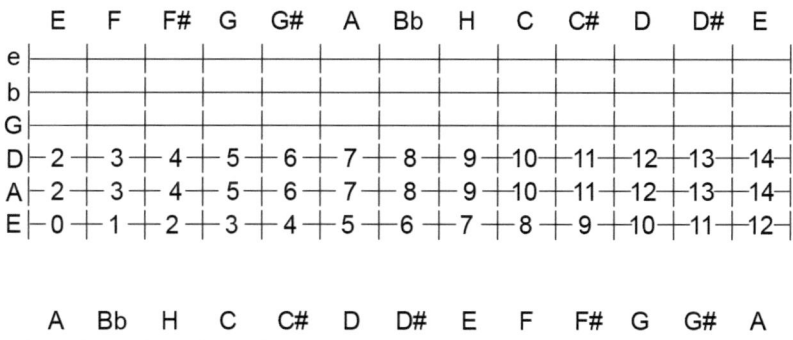

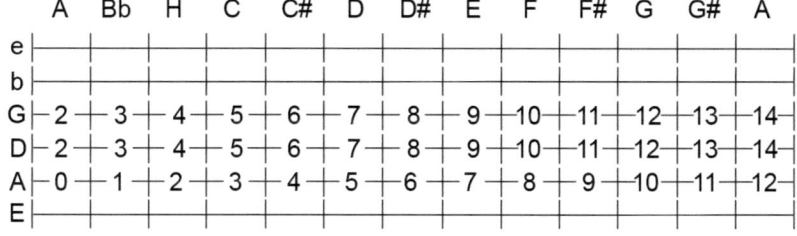

Die Zahlen in den Diagrammen benennen die Bünde, in denen die Saiten herunter gedrückt werden.

Akkorde üben – One minute changes

Wenn Sie beginnen sich Akkorde beizubringen, dann halten Sie bitte die folgenden drei Regeln ein.

1. Sauber greifen! Die Finger sind leicht rund über den Saiten und die Fingerkuppe / Fingerspitze drückt von oben auf die Saite.

2. Immer langsam und richtig greifen! Keine falschen Bewegungen trainieren.

3. Schnelligkeit trainieren! Erst wenn Regel 1 und 2 erfüllt sind.

Wenn Sie ganz neu mit einem Akkord beginnen, dann drücken Sie die entsprechenden Saiten nacheinander herunter. Versuchen Sie nicht zu Beginn alle für einen Akkord erforderlichen Saiten gleichzeitig herunterzudrücken. Greifen Sie einen Akkord in der Reihenfolge, wie die Zahlen auf den Akkorddiagrammen angegeben sind. Die Zahlen geben eigentlich den Finger an, mit dem die Saite gedrückt wird, aber die Reihenfolge davon kann auch für das Greifen abgeleitet werden.

Wenn Sie die Akkorde greifen können (noch nicht schnell, aber richtig und ohne langes Suchen der Saite), dann beginnen Sie mit der Übung „One minute changes".

Suchen Sie sich zwei Akkorde aus und wechseln Sie zwischen diesen ständig hin und her. Exakt eine Minute lang. Immer, wenn Sie einen Akkord gegriffen haben, schlagen Sie mit ihrem Plektron ein Mal die Saiten herunter (Downstrum). So kontrollieren Sie anhand des Klanges, ob Sie richtig gegriffen haben. Notfalls spielen Sie auch jede Saite einzeln an, um herauszufinden, welche nicht richtig klang. Wenn Sie in einer Minute mehr als 60 Wechsel schaffen und sich nur wenige Akkorde nicht richtig anhörten, dann „können" Sie diese Akkorde.

„Können" steht daher in Anführungszeichen, weil es keine (kaum) Lieder gibt, die nur aus zwei Akkorden bestehen. Von daher wird es in einem Lied mit einem komplexeren Strumming als nur Downstrums und bei dem andere

Akkordabfolgen gespielt werden, etwas schwerer sein. Aber der wichtigste Grundstein ist gelegt.

Um Ihre Trainingssessions zu protokollieren, sollten Sie Ihre Ergebnisse notieren.

Beispiel für einen Trainingsplan zum Üben von Akkorden

Datum	Akkordkombination	Wechsel pro Minute
04.01.2013	E-Dur <--> A-Dur	45
06.01.2013	A-Dur <--> D-Dur	43
08.01.2013	D-Dur <--> E-Dur	51
...		
...		
...		
...		

Es ist doch immer wieder schön zu sehen, wenn Sie, z.B. nach zwei Wochen, feststellen, welche Fortschritte Sie gemacht haben.

Die Trainingspläne und eine Vorlage mit obiger Tabelle finden Sie unter dem folgenden Link:

http://www.gitarren-leitfaden.de/trainingsplan.html

Manche Akkorde erfordern Flexibilität

Die ersten Akkorde, die eine gewisse Flexibilität in den Fingern erfordern, sind C-Dur und G-Dur. Das geht natürlich auch noch schwerer. Es gibt auch Akkorde, die über vier Bünde gehen oder die, bei Anfängern, nicht sehr beliebten Barré Griffe. Aber darüber sollten Sie jetzt nicht weiter nachdenken.

Um eine gewisse Flexibilität in den Fingern aufzubauen, empfehle ich Ihnen die folgende Übung.

Sie beginnen mit dem Zeigefinger im Bund 15 auf der tiefen E-Saite, drücken diese herunter und spielen sie mit dem Plektron an. Danach drücken Sie mit dem Mittelfinger im 16. Bund die tiefe E-Saite herunter und spielen die Saite ein Mal an. Jetzt drücken Sie mit dem Ringfinger die tiefe E-Saite im 17. Bund herunter und spielen sie ein Mal an und dann machen Sie das noch ein Mal mit dem kleinen Finger im 18. Bund. Die Finger, die gesetzt wurden, verbleiben während der gesamten Dauer auf der Saite in dem jeweiligen Bund.

Nach diesem Durchgang wiederholt sich der Ablauf, allerdings wird nun die A-Saite gespielt. Der Zeigefinger ist wieder im 15. Bund, der Mittelfinger im 16. Bund, der Ringfinger im 17. Bund und der kleine Finger im 18. Bund.

Dieses Muster spielen Sie bis zur hohen E-Saite herunter und dann wieder von unten nach oben.

Da die Bünde, die sich näher zum Korpus der Gitarre befinden, kleiner und damit dichter beieinander sind, sollte Ihnen das Greifen nicht allzu schwer fallen. Sowie Sie die Übung in einem gleichmäßigen Tempo (es muss nicht schnell sein) und ohne weitere Probleme beim Greifen absolvieren können, können Sie einen oder zwei Bünde weiter vorne beginnen. Also bei Bund 14 oder 13.

Im Laufe der Zeit können Sie sich weiter nach oben spielen, bis Sie es irgendwann schaffen im 1. Bund mit dem Zeigefinger zu beginnen.

Hinweis: Die Finger werden immer kurz hinter dem Bundstäbchen aufgesetzt und Sie dürfen bei dieser Greifübung nicht mit den Fingern über die Saiten rutschen, um den nächsten Finger im nächsten Bund zu platzieren. Sie sollen das breite oder weite Greifen üben und nicht die bereits gespielten Finger hinter dem aktuellen hinterher ziehen.

Fingerpicking – Meist muss es schnell gehen

Träumt nicht jeder davon, zumindest ein wenig, so schöne aber auch schnelle Soli zu spielen wie z.B. Slash? Insbesondere wenn eine E-Gitarre zum Einsatz kommen soll, ist es unumgänglich einzelne Saiten spielen zu können. Dieses so genannte Fingerpicking bedarf einiger Übung und noch mehr Übung, wenn schnelle Gitarren Riffs gespielt werden sollen.

Es gibt für das Fingerpicking zwei Möglichkeiten. Entweder es werden die einzelnen Saiten mit einem Plektron angespielt oder mit den Fingern. Letztere Variante ist immer dann die einzige Möglichkeit, wenn z.B. zwei oder drei Saiten zugleich angespielt werden müssen. Das ist beispielsweise bei dem Lied „Fast Car" von Tracy Chapman der Fall.

Wird mit den Fingern gespielt, dann gilt allgemein hin, dass die oberen drei Saiten (E, A, D) mit dem Daumen gespielt werden, während der Zeigefinger die G-Saite spielt, der Mittelfinger die B-Saite und der kleine Finger die hohe E-Saite. Eine weitere Voraussetzung sind längere Fingernägel an der rechten Hand, um in die Saiten greifen zu können und auch richtig zupfen zu können. Für das Spielen mit dem Plektron möchte ich Ihnen gerne die folgende Übung ans Herz legen.

Spielen Sie, ohne einen Akkord zu greifen, die Saiten von oben nach unten herunter. Dabei spielen Sie jede Saite nacheinander und immer von oben an. Unten angekommen geht es wieder zurück nach oben. Die Saiten werden dabei wieder von oben angeschlagen.

Im nächsten Durchgang spielen Sie die Saiten in der gleichen Reihenfolge von oben nach unten und zurück, schlagen jedoch jede Saite von unten an.

Im dritten Durchgang spielen Sie jede Seite ein Mal von oben und ein Mal von unten an, bevor Sie zur nächsten übergehen und im letzten Durchgang spielen Sie jede Saite ein Mal von oben, ein Mal von unten, und noch ein Mal von oben und von unten an.

Das machen Sie mit jeder Saite in der nun schon bekannten Reihenfolge.

Um die Übung etwas plastischer darzustellen, gibt es hier noch ein Schaubild.

① ② ③ ④

	1↓12		1↓	1↓	3↓
2↓11	1↑12	3↓ ↑2	5↓ ↑2	7↓ ↑4
3↓10	2↑11	5↓ ↑4	9↓ ↑6	11↓ ↑8
4↓9	3↑10	7↓ ↑6	13↓ ↑10	15↓ ↑12
5↓8	4↑9	9↓ ↑8	17↓ ↑14	19↓ ↑16
6↓7	5↑8	11↓ ↑10	21↓ ↑18	23↓ ↑20
	6↑7	↑12	↑22	↑24

Die Zahlen in den Kreisen stellen den Durchgang dar. Die Pfeile zeigen, aus welcher Richtung Sie die Saite anspielen und die Zahlen an den Pfeilen geben die Reihenfolge vor.

Um einen konstanten Punkt, einen so genannten Anker zu haben, der Ihnen bei der räumlichen Orientierung helfen soll, empfiehlt es sich, den kleinen Finger und eventuell noch den Ringfinger auf die Gitarre unterhalb der letzten Saite abzulegen.

Die Trainingspläne finden Sie unter dem folgenden Link:

http://www.gitarren-leitfaden.de/trainingsplan.html

Eine Übung für die „Rocker"

Für diejenigen unter Ihnen, die eine E-Gitarre spielen und sich auch dazu entschieden haben, den rockigen Gitarrenweg zu gehen, möchte ich hier noch eine Übung zeigen, mit der Sie Geschwindigkeit, Hammer on's und Flic off's trainieren können.

Die Spieler einer akustischen Gitarre sind aber auf keinen Fall ausgeschlossen. Auch Lieder, die auf einer akustischen Gitarre gespielt werden, können Elemente wie Hammer on's und Flic off's beinhalten.

Das Intro von „Metallica's - Nothing else matters" klingt auch auf einer akustischen Gitarre sehr schön. Und da wären dann z.B. Flic off's zu spielen.

Nun aber zur Übung.

Legen Sie ihren Zeigefinger im Bund 12 auf die unterste Saite, also das hohe E und drücken Sie die Saite herunter. Spielen Sie nun diese Saite ein Mal mit dem Plektron an. Anschließend machen Sie mit dem Ringfinger einen Hammer on auf die unterste Saite im Bund 14 und sofort einen Flic off.

Zum Schluss drücken Sie mit dem Ringfinger im 14. Bund die zweite Saite von unten, also die B-Saite herunter und spielen diese ein Mal mit dem Plekron an.

Achten Sie darauf, dass sie langsam beginnen und die Ausführung richtig ist. Später können Sie dann schneller werden.

Sie können als Variante statt des Ringfingers auch den Mittelfinger nehmen oder mit dem Ringfinger im 15. Bund spielen. Dieses erfordert jedoch mehr Flexibilität in den Fingern.

Beherrschen Sie diese Übung auf den untersten zwei Saiten, dann können Sie die Übung wie folgt verändern.

Spielen Sie wie bisher auch den oben beschriebenen Ablauf auf den untersten zwei Saiten. Danach wandern Sie mit ihrem Zeigefinger im gleichen Bund eine Saite höher – von der E-Saite zur B-Saite – und beginnen mit der Übung von vorne. Dieser Durchgang findet nun auf der zweiten und dritten Saite von unten statt. Anschließend gehen Sie für den nächsten Durchgang wieder eine Saite höher usw.

Bis der Barré Griff uns scheidet

Barré Griffe sind Griffe, bei denen mehrere oder alle Saiten eines Bundes mit dem Zeigefinger herunter gedrückt werden. Der erste Barré Griff, mit dem Sie wahrscheinlich in Berührung kommen werden, ist das F. Aus eigener Erfahrung kann ich Ihnen sagen, dass es Ihrer Motivation nicht dienlich sein wird, zu früh mit diesen Griffen zu beginnen. Sie erfordern viel Kraft, meist eine hohe Flexibilität in den Fingern und sind damit äußerst anspruchsvoll.

Mein Tipp lautet daher: „Meiden Sie diese Griffe, bis Sie einigermaßen Gitarre spielen können". In der Zwischenzeit werden ihre Finger flexibler (denken Sie z.B. an das C und das G) und auch kräftiger. Ich habe erst nach zwei Jahren meine ersten Versuche mit Barré Griffen gestartet.

Abhängig davon wie schnell Sie lernen und wie oft Sie üben ist es natürlich auch möglich, dass sie früher damit anfangen können.

Barré Griffe üben – Der nervenschonende Weg

Wenn Sie damit beginnen Barré Griffe zu üben, fangen Sie bitte nicht gleich an, einen komplizierten Griff wie F-Dur zu üben.

Ich schlage folgende Vorgehensweise vor. Legen Sie Ihren Zeigefinger über alle Saiten und legen zusätzlich noch den Mittelfinger auf den Zeigefinger, um den Druck zu erhöhen. Spielen Sie nun einen Downstrum und anschließend jede Saite einzeln an. So können Sie feststellen, ob Sie richtig gegriffen haben. Surrt eine Saite, dann korrigieren Sie den Griff bitte. Es hilft den Finger ein wenig zu drehen, sodass mehr die Fingerkante (die zum Daumen hinzeigt) die Saiten herunterdrückt. Auch sollte der ganze Finger über die Saiten gelegt werden und nicht die Fingerspitze exakt bei der letzten Saite abschließen.

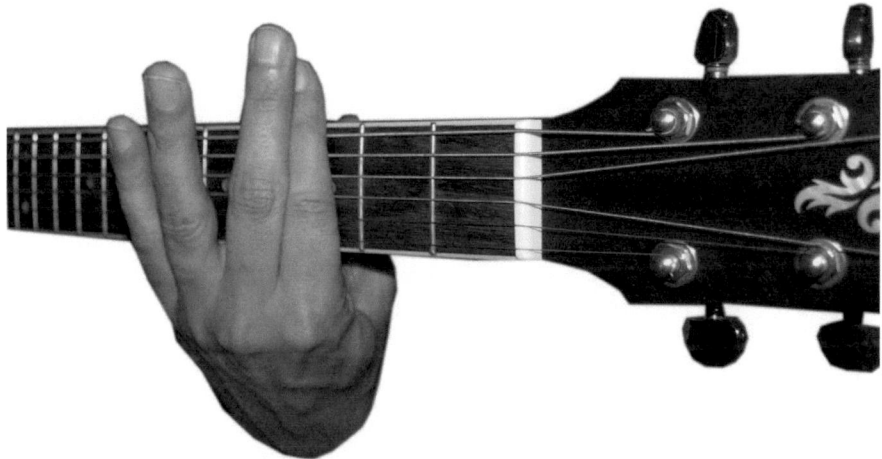

Wenn der Barré Griff mit Hilfe des Mittelfingers funktioniert, lassen Sie den Mittelfinger weg und drücken die Saiten nur noch mit dem Zeigefinger herunter.

Sind Sie soweit, dass sich alle Saiten einzeln und der Strum insgesamt sauber anhören, dann können Sie folgende kleine Übung machen, bei der immer nur ein Downstroke pro Griff (oder auf „open") gespielt wird.

Open – Bund 3 – Bund 5 – Open – Bund 3 – Bund 6 – Bund 5 – Open – Bund 3 – Bund 5 – Bund 3 – Open

Das ist der Riff zu „Smoke on the water", der normalerweise nicht so gespielt wird, sich aber hervorragend eignet, um den Barré Griff zu üben. Parallel dazu können Sie auch das Intro von „Venus" (Seite 82) üben. Da bei dem Intro kein Akkordwechsel stattfindet, haben Sie genug Zeit den Griff richtig zu positionieren und können dann das Strumming durchführen. Wenn Sie das soweit beherrschen, können Sie einen einfacheren Barré Griff, wie z.B. F#m, einstudieren, der mit insgesamt drei Fingern gespielt wird. Dieser eignet sich hervorragend als Einstieg und ist dem F schon sehr ähnlich. Passend dazu finden Sie auf Seite 90 ein Lied von Tears for Fears, das den Akkord F#m verwendet.

Mit diesem Lied habe ich meinen ersten Barré Griff erlernt. Wenn Sie das Lied spielen können, dann können Sie sich dem Akkord F-Dur widmen.

Die Trainingspläne finden Sie unter dem folgenden Link:

http://www.gitarren-leitfaden.de/trainingsplan.html

Jetzt erzähle ich Ihnen noch ein paar Takte

Sie kennen sicherlich einen Walzer im 3/4 Takt. Aber was das genau bedeutet, ist den Meisten nicht klar. Nehmen wir als Beispiel einen sehr gängigen Takt, den 4/4 Takt. Dieser sagt aus, dass 4 Grundschläge (Beats) mit dem Wert einer Viertelnote gespielt werden.

Wir zählen also, wie in der Tabelle unten beschrieben, „1 und 2 und 3 und 4 und". Jeweils auf den Beats (Zahlen) wird ein Downstrum ausgeführt.

1	und	2	und	3	und	4	Und
Down	Up	Down	Up	Down	Up	Down	Up

Mit Tabellen dieser Art werde ich Sie auch bei den ersten Liedern noch weiter unterstützen.

Mit ihrer Gitarre könnten Sie auf einem, mehreren oder allen „und's" noch einen Upstrum spielen. Das würde den Takt nicht verändern. Spielen Sie nur die vier Downstrums, dann führen Sie die Hand ja auch wieder von unten nach oben an den Saiten vorbei, um den nächsten Downstrum zu spielen. Also könnten Sie auf dem Rückweg auch einen Upstrum spielen.

Die meisten Lieder in diesem Buch werden im 4/4 Takt gespielt, sodass Sie gut mitzählen können und Ihren Rhythmus trainieren können.

Testfrage: Was bedeutet ein 3/8 Takt?

Antwort: Es werden drei Grundschläge (Beats) im Wert einer Achtelnote gespielt. Und eine Achtelnote wird doppelt so schnell gespielt wie eine Viertelnote. Eine Frage, die ich mir immer stellte, war die folgende: Gibt der Takt auch Auskunft über die Geschwindigkeit? Und bedauerlicherweise hängt das nicht unmittelbar miteinander zusammen. Als Richtwert können Sie annehmen, dass ein 4/4 Takt ca. 60-80 bpm (beats per minute) ausmacht und ein Lied im x/8 Takt dann doppelt so schnell geschlagen wird.

Wenn Sie sich mit dem Thema weiter auseinandersetzen möchten, dann empfehle ich Ihnen den folgenden Link:

http://www.gitarren-leitfaden.de/takt.html

Rhythmustraining

Keine Sorge, Sie müssen sich nicht durch die unterschiedlichen Taktarten quälen. Was Sie aber können müssen, ist einen Takt beizubehalten. Hierzu ist es unbedingt erforderlich ein Metronom zu besitzen.

Ich habe mir ein digitales Metronom zugelegt (KORG MA-30), um mein Rhythmustraining durchführen zu können.

Dazu müssen Sie nichts anderes machen, als das Metronom auf 60 bpm einzustellen und genau in diesem Rhythmus zu schlagen. Suchen Sie sich zu Beginn einen Akkord aus, den Sie die ganze Zeit über halten und schlagen Sie exakt in dem vorgegeben Takt. Dazu reicht ein einziger Downstrum.

Machen Sie das 2-4 Minuten lang. Wenn Sie besser werden, sprich taktsicherer, dann wechseln Sie zwischen den Akkorden, die Sie bereits beherrschen und die Ihnen keinerlei Probleme mehr bereiten. Vergessen Sie bitte aber nie, dass es sich um Rhythmustraining und nicht das Trainieren von Akkorden handelt. Sie sollten niemals den Rhythmus verlieren, nur weil Sie beim Akkordwechsel zu langsam sind oder dieser Ihnen zu viel Aufmerksamkeit abverlangt.

Zusätzlich können Sie noch den Takt mit dem Fuß mittippen. Das ist eine nicht zu unterschätzende Möglichkeit Taktgefühl zu entwickeln und hilft Ihnen auch später im Takt zu bleiben. Insbesondere wenn Sie mal nicht mehr alleine vor sich Hinspielen sollten, sondern in einer Band mit anderen Instrumenten interagieren, müssen Sie in der Lage sein, einen Takt zu halten. Wenn Sie das machen wollen, und ich kann Ihnen das nur empfehlen, dann sollten Sie den Fuß bei jedem Beat auftippen. Beim 4/4 Takt also auf 1, 2, 3 und 4, aber nie auf einem „und", also dem Offbeat.

Die Trainingspläne finden Sie unter dem folgenden Link:

http://www.gitarren-leitfaden.de/trainingsplan.html

Tabs – Eine Möglichkeit Lieder zu beschreiben

Wenn Sie schriftliche Informationen zu Liedern suchen, dann werden Sie immer wieder über das Wort „Tab" stolpern . Das Wort Tab steht für Tabulatur und ist eine Schreibweise zur Darstellung von Liedern. Die Website http://www.songsterr.com bietet haufenweise Tabs zu einer wirklich großen Anzahl an Songs. Damit Sie auch in der Lage sind (falls Sie sich dafür begeistern können) so genannte Tabs zu lesen, möchte ich Ihnen ein paar Informationen dazu mit auf den Weg geben.

Typischerweise sehen Tabs so aus wie im obigen Beispiel. Zur Orientierung: Die untere Saite (tiefes E) ist bei Ihrer Gitarre die oberste, also dickste Saite. Die erste Zahl – hier die 2 – gibt an, dass Sie die A-Saite ein Mal zupfen und dabei die A-Saite mit der linken Hand im 2. Bund gedrückt halten müssen. Bei der 4 halten Sie die A-Saite im 4. Bund mit der linken Hand gedrückt und zupfen die A-Saite mit der rechten Hand ein Mal usw.

```
e |-----------0-----------|
B |-----------1-----------|
G |-----------0-----------|
D |-----------2-----------|
A |-----------3-----------|
E |-----------------------|
```

Bei diesem Beispiel halten Sie mit der linken Hand im 1. Bund die B-Saite (in Deutschland H-Saite) gedrückt, die D-Saite im 2. Bund und die A-Saite im 3. Bund. Nun sitzen Sie wahrscheinlich vor Ihrer Gitarre und fragen sich: „Ja, verstanden. Und mit welchen Fingern?"
Ich kann Ihnen versichern, dass es mir ganz genauso ging. Und damit kommen wir zu einem, meiner Meinung nach, gravierenden Nachteil. Denn diese Information ist in dem Tabsystem nicht vorhanden.

Sie müssen quasi wissen, welcher der richtige Finger ist. Oder Sie raten. Das Blöde beim Raten ist jedoch, dass sich vielleicht nach ein paar Wochen herausstellt, dass Sie die ganze Zeit falsch gegriffen haben. Im Laufe der Zeit werden Sie ein Gefühl dafür entwickeln, wie Sie zu greifen haben und Sie werden auch feststellen, dass der richtige Griff sich mit ein wenig Übung aus dem Kontext der Akkordabfolgen ergibt. Ach ja, haben Sie es gemerkt? Bei vorherigem Beispiel handelt es sich um den Akkord C-Dur.

```
e
B   2 ---- 2 ---- 2 --------
G   4 ---- 4 ---- 4 --------
D   4 ---- 4 ---- 4 --------
A   2 ---- 2 ---- 2 --------
E
```

Ein letztes Beispiel möchte ich Ihnen noch näher bringen. Wenn diese Pfeile vor der Ihnen nun bekannten Notationsweise stehen, dann handelt es sich beim ersten Pfeil um einen Downstrum (Sie erinnern sich, dass die untere Saite in dem Schaubild auf Ihrer Gitarre die oberste Saite ist). Beim nächsten Pfeil handelt es sich um einen Upstrum und dann folgt noch mal ein Downstrum.

Wenn Sie Ihre Kenntnisse vertiefen möchten oder es sich zu eigen machen, Lieder nach Tabs zu spielen, dann finden Sie hier eine vollständige Beschreibung zum Aufbau von Tabs:

http://www.gitarren-leitfaden.de/tabs.html

Motivation – Darf's ein wenig Trace Bundy sein?

Wenn ich mich nicht motivieren kann oder einfach sehr gute Performances auf der Gitarre hören möchte, dann ist Trace Bundy für mich die erste Wahl. Mir wird zwar immer wieder vor Augen geführt, was ich nie erreichen werde (möchte ich aber auch nicht; für mich ist die Gitarre ein Hobby und ein Ausgleich zum stressigen Berufsleben), aber zugleich sehe oder höre ich auch wie wunderbar dieses Instrument ist und dass es unvergleichlich schöne Musik produzieren kann.

Hören Sie sich doch mal die folgenden Songs an; vielleicht können auch Sie Kraft und Motivation daraus schöpfen.

http://www.gitarren-leitfaden.de/motivation.html

Vorwort zu den Liedern

Alle nachfolgenden Lieder habe ich bereits gespielt und kann nur sagen, dass sie mir (im Gegensatz zu anderen „typischen" Einsteigerliedern) gefielen und Spaß gemacht haben. Sicherlich klingen die ersten Lieder nicht genau so wie das Original, aber Sie müssen klein anfangen.

Ich habe alle Lieder auf die für mich – und hoffentlich auch für Sie – einfachste und verständlichste Art und Weise beschrieben und mich auf das Wesentliche beschränkt. Zu vielen Liedern finden Sie Varianten, die es Ihnen ermöglichen, ein Lied mit wenigen Abstrichen schneller zu erlernen. Später können Sie dann das z.B. schwierigere Schlagmuster anwenden oder den eigentlich vorgesehenen, aber eben schwierigeren Akkord, spielen.

Ich möchte hier aber auch nicht den Eindruck erwecken, dass Sie jedes Lied nach zwei Tagen erlernt haben. Immerhin erlernen Sie ein Musikinstrument komplett neu. Sie werden immer wieder den Willen zum Durchhalten zeigen müssen, aber ich kann Ihnen sagen: Es lohnt sich!

Hinweise zur Notation der Lieder:

Der Einfachheit und Übersichtlichkeit halber habe ich bei den folgenden Liedern den Akkordzusatz „Dur" weggelassen. Sie finden dort also statt z.B. G-Dur ein G vor. Die Moll-Varianten habe ich folgendermaßen abgekürzt: Em = E-Moll. Schwierigere Text / Akkord Beziehungen können Sie daran erkennen, dass die dementsprechenden Textpassagen mit einem Taktstrich (|) abgetrennt sind. Zum Beispiel:

Em   **G**
| an einem schönen Morgen. |

Bei obigem Beispiel werden also zwei Akkorde innerhalb eines Taktes gespielt. Diese werden meistens mit zwei Downstrokes oder mit zwei Downstrokes und einem Upstroke je Akkord gespielt.

Em

| schönen Morgen. |

Bei dem oben aufgeführtem Beispiel würde der Akkord E-Moll mit dem zuge-hörigen Strummingpattern über den Liedtext hinaus gespielt werden und bei dem unten aufgeführtem Beispiel würde der Akkord erst gespielt werden, wenn der Liedtext bereits zu Ende ist.

Em

... schönen Morgen.

Wenn Lieder einen so genannten Picking Part (Saiten werden einzeln gespielt) enthalten, dann ist dieser in der Tabschreibweise dargestellt.

Zusätzlich gibt es zu vielen Liedern eine Tabelle, die Ihnen das Strumming im richtigen Takt aufzeigt.

Alle Lieder habe ich auf meiner Gitarre angespielt und Sie können sich die Songproben hier anhören,

http://www.gitarren-leitfaden.de/songs.html

um eine bessere Vorstellung von dem Klang des Songs zu bekommen.

Ich wünsche viel Erfolg und Spaß!

Bob Marley – Three little birds

Akkorde: E-Dur, D-Dur und A-Dur

Pattern: Ab – Ab – Ab – Ab

1	und	2	und	3	und	4	und
Ab		Ab		Ab		Ab	

Dieses Lied besteht aus den drei Akkorden, die Sie als erstes geübt haben und nun hoffentlich beherrschen. Das Strumming Pattern besteht aus vier Downstrums und ermöglicht Ihnen exakt im gelernten Rhythmus von 60 bpm zu spielen. Sie können mit diesem Lied hervorragend Akkordwechsel, Strumming und Rhythmus üben.

Intro:
|A |A |A |A |

Refrain:
A   A
Don't worry 'bout a thing
D   A
'cause every little thing gonna be all right
A   A
Singin': "Don't worry 'bout a thing
D   A
'cause every little thing gonna be all right!"

Vers 1:
A   E
Rise up this mornin', smiled with the risin' sun
A   D
three little birds pitch by my doorstep
A   E
Singin' sweet songs of melodies pure and true
D   A
sayin', "This is my message to you-ou-ou."

Don't worry 'bout a thing
'cause every little thing gonna be all right
Singin': "Don't worry 'bout a thing
'cause every little thing gonna be all right!"

Vers 2:
Rise up this mornin', smiled with the risin' sun
three little birds pitch by my doorstep
Singin' sweet songs of melodies pure and true
sayin', "This is my message to you-ou-ou."

Refrain:
Don't worry 'bout a thing
'cause every little thing gonna be all right
Singin': "Don't worry 'bout a thing
'cause every little thing gonna be all right!"

The Troggs – Wild thing

Akkorde: E-Dur, D-Dur, A-Dur und G6

Pattern: Ab – Ab – Ab – Ab

1	und	2	und	3	und	4	und
Ab		Ab				Ab	Ab	

Dieses Lied besteht aus drei Akkorden der „Big Eight". Lediglich G6 ist neu. Um das Lied aber nicht unnötig kompliziert zu gestalten, können Sie anstatt G6 einen Open Chord auf den untersten vier Saiten spielen. Sie greifen also keinen Akkord und spielen die unteren vier Saiten „leer" (open). In den Versen mit der Akkordabfolge G6 A G6 A wird je Akkord nur ein Downstrum gespielt.

Intro:
|A   D|E |

Refrain:
|A   D |E
Wild thing
D |A   D |E
you make my heart sing
D |A   D |E
You make everything groovy
D |A   D |E
    Wild thing

Vers 1:
G6 A G6 A
                Wild thing I think I love you
G6 A G6 A
                But I wanna know it for sure
G6 A G6 A
                So come on and hold me tight
G6 A G6 A
                I love you

| A   D | E   D | A   D | E   D |

Refrain:
Wild thing
You make my heart sing
You make everything groovy
Wild thing

Solo:
| A   D | E   D | A   D | E   D |
| A   D | E   D | A   D | E |

Vers 2:
Wild thing I think you move me
But I wanna know it for sure
So come on and hold me tight
You move me

Zwischenintro:
| A   D | E   D | A   D | E | E | E | E |

Refrain:
Wild thing
You make my heart sing
You make everything groovy
Wild thing

Outro:
D   A   D
Come on, come on, wild thing
E D   A   D | E | E | E |
   Shake it, shake it, wild thing.   I love you

Uriah Heep – Lady in Black

Akkorde: E-Moll und D-Dur oder A-Moll und G-Dur

Pattern: Ab – Ab – Auf – Ab – Auf – Ab – Auf

1	und	2	und	3	und	4	und
Ab		Ab	Auf	Ab	Auf	Ab	Auf

Das Lied besteht aus nur zwei Akkorden, allerdings besitzt dieses Lied ein Strumming, das auch Upstrokes beinhaltet.

Vers 1:
Em   Em   Em   Em
She came to me one morning, one lonely Sunday morning
D   D   Em   Em
her long hair flowing in the mid-winter wind
Em   Em   Em   Em
I know not how she found me, for in darkness was walking
D   D   Em   Em
and destruction lay around me from a fight could not win

Refrain:
Em   Em   D   Em   Em   D   Em
Ahhhhhahhhhhhhhahhhhhhahhahhhhhhahhhhahhhhhhhh

Vers 2:
She asked me name my foe then. I said the need within some men
to fight and kill their brothers without thought of love or god
And I begged her give me horses to trample down my enemy
So eager was my passion to devour this waste of life

Refrain:
Ahhhhhahhhhhhhhahhhhhhahhahhhhhhahhhhahhhhhhhh

54

Vers 3:
But she would not think of battle that reduces men to animals
so easy to begin and yet impossible to end
For she the mother of all men had counselled me so wisely then
I feared to walk alone again and asked if she would stay

Refrain:
Ahhhhhahhhhhhhhahhhhhhahhahhhhhhahhhhahhhhhhhh

Vers 4:
"Oh lady lend your hand," I cried, "Oh let me rest here at your side."
"Have faith and trust in me", she said and filled my heart with life
"There is no strength in numbers, have no such misconception,
but when you need me be assured I won't be far away."

Refrain:
Ahhhhhahhhhhhhhahhhhhhahhahhhhhhahhhhahhhhhhhh

Vers 5:
Thus having spoke she turned away and though I found no words to say
I stood and watched until I saw her black cloak disappear
My labor is no easier, but now I know I'm not alone
I find new heart each time I think upon that windy day
And if one day she comes to you drink deeply from her words so wise
Take courage as your prize and say hello for me

The Kingsmen – Louie Louie

Akkorde: A-Dur, D-Dur, E-Moll

Pattern: Ab – Ab – Ab – Ab – Ab

1	und	2	und	3	und	4	und
Ab	Ab	Ab			Ab	Ab	

Dies ist das einfachere Schlagmuster, mit dem Sie das ganze Lied durchspielen können. Wenn Sie möchten, können Sie nach den Abschlägen auf Beat 2 und 4 die Saiten abdämpfen (muting). Möchten Sie der originalen Version noch etwas näher kommen, dann nutzen Sie für den Refrain obiges Schlagmuster und die Verse spielen Sie bitte wie folgt:

A-Dur: Ab (mute)
D-Dur: Ab – Ab (mute) Ab
E-Moll: Ab – Ab – Ab – Ab (mute)
D-Dur: Ab – Ab (mute)

Bitte beachten Sie, dass sich der letzte Abschlag nach dem mute bei dem Akkord D-Dur zeitlich sehr eng vor dem ersten Abschlag auf E-Moll befindet. Der Takt sieht dazu folgendermaßen aus:

| A   D | (D) Em   D |

Das D, das in Klammern steht, symbolisiert die Zugehörigkeit des letzten Abschlags.

Refrain:

A   D   Em D
Louie Louie,   oh   no,
A   D Em   D
we gotta go,   yeah yeah, I said
A   D   Em   D
Louie Louie   oh baby
A   D Em D
we gotta go

Vers 1:

| A   D | Em   D |

A fine little girl she's waiting for me

| A   D | Em D |

me catch a ship across the sea

| A   D | Em   D |

me sail that ship all   alone

| A   D | Em   D |

I never think how I'll make it home

Refrain:

s.o.

Vers 2:

Three nights and days I sail the sea

I think of girl constantly

on the ship I dream she's there

I smell the rose in her hair

Refrain:

s.o.

Vers 3:

Me see Jamaican moon above

it won't be long me see me love

me take her in my arms and then

I tell her "I'll never leave you again"

Refrain:

s.o.

Outro:

I said we gotta go now... let's go

Wet Wet Wet – Love is all around

Akkorde: D-Dur, E-Moll, G-Dur, A-Dur

Pattern: Ab – Ab – Auf – Ab – Ab – Auf

1	und	2	und	3	und	4	und
Ab		Ab	Auf	Ab		Ab	Auf

Bei diesem Lied lernen Sie erstmalig ein etwas aufwendigeres Pattern. Nehmen Sie sich die Zeit, das Schlagmuster in Ruhe zu üben. Das letzte „Auf" sollten Sie „open" spielen. Sie spielen es dann exakt zwischen den Akkordwechseln. Dieses Vorgehen ermöglicht einen schöneren Spielfluss.

Vers 1:

D   Em   G   A   D   Em   G   A
I feel it in my fingers, I feel it in my toes
   D   Em   G   A   D   Em   G   A
The love is all around me and so the feeling grows
   D   Em   G   A   D   Em   G   A
It's written on the wind it's everywhere I go
   D   Em   G   A   D   Em   G   A
So if you really love me come on and let it show

Refrain:

G   Em
You know I love you, I always will
G   D
my mind's made up by the way that I feel
   G   Em
There's no beginning, there'll be no end
  Em   A
'cause on my love you can depend

I see your face before me as I lay on my bed
I kinda get to thinking of all the things you said
You gave your promise to me and I gave mine to you
I need someone beside me in everything I do

Refrain:
You know I love you, I always will
my mind's made up by the way that I feel
There's no beginning, there'll be no end
'cause on my love you can depend

Vers 3:
Got to keep it movin'
Ooh, it's written in the wind
Oh, everywhere I go, yeah, ooh well
So if you really love me, love me, love me
Come on and let it show
Come on and let it show
Come on and let it show
Come and let it show, baby

Outro:
G   A   D
Come on and let it show. ...

Michael Andrews – Mad World

Akkorde: E-Moll, G-Dur, A-Dur, D-Dur

Pattern: D-D-D-U

1	und	2	und	3	und	4	und
Ab				Ab		Ab	Auf

Intro:
| Em | A | Em | A |

Vers 1:
Em   G   D   A
All around me are familiar faces. Worn out places, worn out faces
Em   G   D   A
Bright and early for their daily races. Going nowhere, going nowhere
Em   G   D   A
Their tears are filling up their glasses. No expression, no expression
Em   G   D   A
Hide my head I wanna drown my sorrow. No tomorrow, no tomorrow

Refrain:
Em   A   Em   A
   And I find it kind of funny, I find it kind of sad
Em   A   Em   A
The dreams in which I'm dying are the best I've ever had
Em   A   Em   A
I find it hard to tell you, I find it hard to take
Em   A   Em   A
when people run in circles. It's a very, very
Em A   Em   A
   Mad World,   Mad World

Children waiting for the day they feel good
Happy Birthday, Happy Birthday
Made to feel the way that every child should
sit and listen, sit and listen
Went to school and I was very nervous
no one knew me, no one knew me
Hello teacher tell me what's my lesson
look right through me, look right through me

Refrain:
And I find it kind of funny
I find it kind of sad
The dreams in which I'm dying
are the best I've ever had
I find it hard to tell you
I find it hard to take
when people run in circles
It's a very very
Mad World
Mad World
Enlarging your World
Mad World

Four non Blondes – What's up

Akkorde: G-Dur, A-Moll, C-Dur

Pattern: Ab – Ab – Auf – Ab – Ab – Auf – Ab – Ab – Auf – Auf – Ab – Auf

1	und	2	und	3	und	4	und
Ab		Ab	Auf	Ab		Ab	Auf
1	und	2	und	3	und	4	und
Ab		Ab	Auf		Auf	Ab	Auf

Das Schlagmuster sieht komplizierter aus, als es ist. Nehmen Sie sich wieder ausreichend Zeit das Schlagmuster zu erlernen und beginnen dann mit dem Lied.

Vers 1:
G
Twenty-five years and my life is still
Am   **C**
tryin' to get up that great big hill of hope
G
for a destination
G
I realized quickly when I knew I should
Am   **C**
that the world was made up of this brotherhood of man
G
for whatever that means.

Vers 2:
And so I cry sometimes when I'm lying in bed
just to get it all out, what's in my head and I
I am feeling a little peculiar
And so I wake in the morning and I step outside
and I take a deep breath and I get real high and I
scream from the top of my lungs, "What's goin' on?"

G
And I say, "Hey yeah yeah hey, hey,
Am   **C**   **G**
hey yeah yeah", I said "Hey! What's goin' on?"
G
And I say, "Hey yeah yeah hey, hey,
Am,   **C**   **G**
hey yeah yeah", I said "Hey! What's goin' on?"

Vers 3:
And I try, oh my God do I try
I try all the time in this institution
And I pray, oh my God do I pray
I pray every single day for a revolution

Vers 4:
And so I cry sometimes when I'm lying in bed
just to get it all out, what's in my head and I
I am feeling a little peculiar
And so I wake in the morning and I step outside
and I take a deep breath and I get real high and I
scream from the top of my lungs, "What's goin' on?"

Refrain:
And I say, "Hey yeah yeah hey, hey,
hey yeah yeah", I said "Hey! What's goin' on?"
And I say, "Hey yeah yeah hey, hey,
hey yeah yeah", I said "Hey! What's goin' on?"

Outro:
G
Twenty-five years and my life is still
Am   **C**
tryin' to get up that great big hill of hope
G
for a destination.

Outkast – Hey Ya!

Akkorde: G-Dur, C-Dur, D-Dur, E-Dur

Pattern 1: Ab – Ab – Auf – Auf – Ab – Auf (open)
Pattern 2: Ab – Ab – Auf (open)

1	und	2	und	3	und	4	und
Ab		Ab	Auf		Auf	Ab	Auf

Dieses ist Ihr erstes Lied, das zwei unterschiedliche Schlagmuster hat. Üben Sie im Rhythmus zu bleiben. Pattern 2 wird nur auf dem Akkord D-Dur gespielt. Alle anderen Akkorde werden mit dem Pattern 1 gespielt.

Vers 1:
G   C
My baby don't mess around me
              C   D   E   E
'cause she loves me so and this I know fo' sho (Uh!)
G   C
  But does she really wanna
              C   D   E   E
but can´t stand to see me walk out the do'
G   C
  Don't try to fight the feelin'
              C   D   E   E
'cause the thought alone is killing me right now (Uh!)
G   C   C
  Thank God for Mom and Dad for sticking two together
          D   E   E
'cause we don't know how (Uh!)

Refrain:

G   C   C   D   E   E
Heeeyyy... Yaaaaaaa..
G   C   C   D   E   E
Heeeyyy... Yaaaaaaa..
G   C   C   D   E   E
Heeeyyy... Yaaaaaaa..
G   C   C   D   E   E
Heeeyyy... Yaaaaaaa..

Vers 2:
You think you've got it, oh you think you've got it
but got it just don't get it
til there's nothing at all. (Ah!)
We get together. Oh, we get together
but separate's always better
when there's feelings involved
If what they say is "Nothing is forever"
then what makes, then what makes, then what makes,
then what makes, then what makes (What makes? What makes?)
Love the exception?
So why oh, why oh
why oh, why oh, why oh are we so in denial
when we know we're not happy here?

Refrain:
Heeeyyy... Yaaaaaaa..
Heeyy Yaaaaaaaa..
Heeeyyy... Yaaaaaaa..
Heeyy Yaaaaaaaa..

Bob Dylan – Knockin' on heaven' s door

Akkorde: G-Dur, D-Dur, A-Moll, C-Dur

Pattern 1: Ab – Ab – Ab – Auf
Pattern 2: Ab – Ab – Ab – Auf – Auf – Ab – Ab – Ab – Auf
Pattern 3: Ab – Ab – Ab – Auf – Auf – Ab – Auf – Ab – Auf – Ab – Auf

Pattern 1:

1	und	2	und	3	und	4	und
Ab				Ab		Ab	Auf

Die Akkorde G und D werden immer mit dem Pattern 1 gespielt. Die Akkorde C und Am können Sie entweder mit dem Pattern 2 oder mit dem Pattern 3 (klingt etwas rockiger) spielen.

Pattern 2:

1	und	2	und	3	und	4	und
Ab				Ab		Ab	Auf
1	und	2	und	3	und	4	und
	Auf	Ab		Ab		Ab	Auf

Pattern 3:

1	und	2	und	3	und	4	und
Ab				Ab		Ab	Auf
1	und	2	und	3	und	4	und
	Auf	Ab	Auf	Ab	Auf	Ab	Auf

<u>Vers 1:</u>
```
G        D                    Am
  Mama,     take this badge off of me
G     D        C
I can't use it   anymore
G          D                 Am
  It's gettin' dark, too dark for me to see
G        D          C
I feel like I'm knockin' on heaven's door
```

G   D   C
Knock, knock, knockin' on heaven's door
G   D   C
Knock, knock, knockin' on heaven's door
G   D   C
Knock, knock, knockin' on heaven's door
G   D   C
Knock, knock, knockin' on heaven's door

Vers 2:
Mama, put my guns in the ground
I can't shoot them anymore
That long black cloud is comin' down
I feel like I'm knockin' on heaven's door

Refrain:
Knock, knock, knockin' on heaven's door
Knock, knock, knockin' on heaven's door
Knock, knock, knockin' on heaven's door
Knock, knock, knockin' on heaven's door

The Beatles – Yellow Submarine

Akkorde: G-Dur, D-Dur, A-Moll, C-Dur, E-Moll

Pattern 1: Ab – Ab
Pattern 2: Ab – Ab – Auf – Ab – Auf – Ab

1	und	2	und	3	und	4	und
Ab						Ab	

Die Verse werden mit dem Pattern 1 gespielt. Zu beachten ist hier, dass mit D-Dur auf 1 begonnen wird, dann C-Dur auf 4 und G-Dur wieder auf 1 gespielt wird.

1	und	2	und	3	und	4	und
D						C	
G						Em	
Am						C	
D						G	
D						C	
G						Em	
Am						C	
D							

Der Refrain wird mit dem Pattern 2 gespielt.

1	und	2	und	3	und	4	und
Ab		Ab	Auf	Ab	Auf	Ab	

Vers 1:

D   C G
In the town where I was born
Em Am   C   D
lived a man who sailed to sea
G   D   C   G
and he told us of his life
Em Am   C   D
in the land of submarines

So we sailed up to the sun
till we found a sea of green
And we lived beneath the waves
in our yellow submarine

Refrain:

G		D

We all live in a yellow submarine

D		G

yellow submarine, yellow submarine

G		D

We all live in a yellow submarine

D		G

yellow submarine, yellow submarine

Vers 3:
And our friends are all aboard
many more of them live next door
and the band begins to play

Refrain:
We all live in a yellow submarine
yellow submarine, yellow submarine
We all live in a yellow submarine
yellow submarine, yellow submarine

Solo:
| D   C | G   Em | Am   C | D   G |
| D   C | G   Em | Am   C | D   G |

Vers 4:
As we live a life of ease
everyone of us has all we need
Sky of blue and sea of green
in our yellow submarine

Refrain: s.o.

Van Morrison – Brown eyed girl

Akkorde: G-Dur, D-Dur, C-Dur, E-Moll

Pattern: Ab – Ab – Auf – Auf – Ab – Auf (open gespielt)

1	und	2	und	3	und	4	und
Ab		Ab	Auf		Auf	Ab	Auf

Meiner Meinung nach ist dieses Lied ein echtes „Gute-Laune-Lied". Wenn Sie es spielen können, lassen Sie Ihre Familie dazu mal singen. Es macht wirklich viel Spaß.
Der Akkord D, der drei Mal hintereinander im Refrain bei der Textstelle „Do you remember when ..." gespielt wird, wird nur mit Downstrokes gespielt. Sie beginnen dabei leise und werden zunehmend lauter.

<u>Intro:</u>
Folgendes Picking wird insgesamt zwei Mal durchgespielt

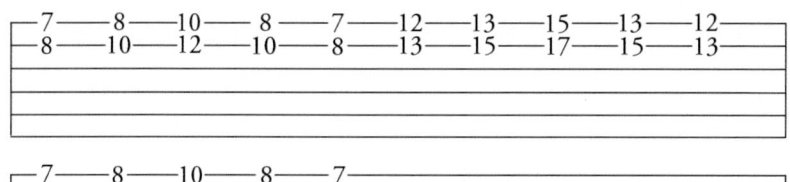

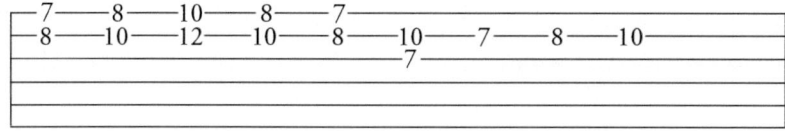

<u>Vers 1:</u>
```
G           C  G           D
  Hey where did we go,   Days when the rains came?
G           C  G       D
  Down in the hollow,   playin' a new game
G           C           G           D
  Laughing and a runnin´ hey, hey,   skipping and a jumpin´
```

```
G            C              G      D              C
   In the misty morning fog with   our, our hearts a thumpin' and you
D            G   Em
my brown eyed girl
C    D            G    D
   You my brown eyed girl
```

Vers 2:
And whatever happened to Tuesday and so slow?
Going down the old mine with a transistor radio
Standing in the sunlight laughing, hiding behind a rainbow's wall
Slipping and sliding all along the water fall, with you
my brown eyed girl
You my brown eyed girl

Refrain:
```
D        D          D
   Do you remember when   we used to sing
G     C     G        D
   Sha la la la la la la la la la la de da
G     C     G        D
   Sha la la la la la la la la la la de da
```

Vers 3:
So hard to find my way, now that I'm all on my own
I saw you just the other day, my how you have grown
Cast my memory back there, Lord
sometimes I'm overcome thinking 'bout it
Making love in the green grass, behind the stadium with you
my brown eyed girl
You my brown eyed girl

Refrain:
Do you remember when we used to sing
Sha la la la la la la la la la la de da
Sha la la la la la la la la la la de da

Simon & Garfunkel – Mrs. Robinson

Akkorde: E7, A7, D-Dur, G-Dur, C-Dur, A-Moll, A-Dur

Pattern: Ab – Ab – Auf – Auf – Ab – Auf (open)

Das Kapo befindet sich im 2. Bund und der Song wird in Achtelnoten gespielt.

Intro:
| E | E | E | E |

E   E   E   E   E7   A7   A7   A7   A7
Didididididididididididididididi   Dudududududududu
D7   G   C   Am   Am   E   E   D7
Didididididididididididididididi

Refrain:
D7   G   Em
    And here's to you Mrs. Robinson
G   Em   C   C   D   D
Jesus loves you more than you will know   (oh oh oh)
                 G   Em
God bless you please, Mrs. Robinson
G   Em   C   C   Am Am   E   E   E   E
heaven holds a place for those who pray   (hey hey hey hey hey hey)

Vers 1:
        E   E   E   E   E7
We'd like to know a little bit about you for our files
    A7   A7   A7   A7
we'd like to help you learn to help yourself

D7   G | C   G | Am   Am
    Look around you, all you see are sympathetic eyes
E7   E7   D7   D7
    Stroll around the grounds until you feel at home

And here's to you Mrs. Robinson
Jesus loves you more than you will know, oh oh oh
God bless you please, Mrs. Robinson
heaven holds a place for those who pray hey hey hey hey hey hey

Vers 2:
Hide it in a hiding place where no one ever goes
put it in your pantry with your cupcakes
It's a little secret just the Robinsons' affair
most of all, you've got to hide it from the kids

Refrain:
Coo-coo ca-choo Mrs. Robinson
Jesus loves you more than you will know oh oh oh
god bless you please, Mrs. Robinson
heaven holds a place for those who pray hey hey hey hey hey hey

Vers 3:
Sitting on a sofa on a Sunday afternoon
going to the candidates debate
Laugh about it, shout about it when you've got to chose
every way you look at it, you lose

Refrain:
Where have you gone, Joe DiMaggio?
A nation turns its lonely eyes to you ooh ooh ooh
What's that you say, Mrs. Robinson?
Joltin's Joe has left and gone away hey hey hey hey hey hey

The Animals – House of the rising sun

Akkorde: D-Dur, C-Dur, A-Moll, Fmaj7, E-Dur

Pattern: Bassnote – Downstrum – Saite 1 – Saite 2 – Saite 3

1	+	2	+	3	+	4	+	5	+	6	+
B				D		1		2		3	

B = Bassnote, D = Downstrum, 1= Saite 1, 2 = Saite 2, 3 = Saite 3

Dieses Lied wird im Musikstil Arpeggio und im 6/8 Takt, also ziemlich schnell, gespielt. Das bedeutet, dass die Töne nicht, wie sonst bei einem Akkord, gleichzeitig in einem Downstrum gespielt werden, sondern nacheinander und damit einzeln.

Die Bassnoten für die Akkorde lauten:
D-Dur: Saite 4
A-Moll: Saite 5
C-Dur: Saite 5
E-Du : Saite 6
Fmaj7: Saite 4

Intro:
|Am | C | D | F | Am | E | Am | E |

Vers 1:
Am   C   D   Fmaj7
There is a house in New Orleans
Am   C   E   E
they call the Rising Sun
Am   C   D   Fmaj7
And it's been the ruin of many a poor boy
Am   E   Am   E
and God I know I'm one

My mother was a tailor
she sewed my new bluejeans
My father was a gamblin' man
down in New Orleans

Vers 3:
Now the only thing a gambler needs
is a suitcase and trunk
And the only time he's satisfied
is when he's on a drunk

Vers 4:
Oh mother tell your children
not to do what I have done
Spend your lives in sin and misery
in the House of the Rising Sun

Vers 5:
Well, I got one foot on the platform
the other foot on the train
I'm goin' back to New Orleans
to wear that ball and chain

Vers 6:
Well, there is a house in New Orleans
they call the Rising Sun
And it's been the ruin of many a poor boy
and God I know I'm one

Tracy Chapman – Fast Car

Akkorde: E-Moll, D-Dur, C-Dur, G-Dur

Pattern: Ab – Auf – Ab – Auf – Ab – Ab

1	+	2	+	3	+	4	+	5	+	6	+	7	+	8	+
D		U				D			U	D		D			

D = Down (Ab), U = Up (Auf)

Dieses Lied wird im Achteltakt gespielt. Bei einem Takt, der zwei Akkorde beinhaltet, wird „Ab – Auf" auf dem ersten Akkord gespielt und „Ab – Auf – Ab – Ab" auf dem zweiten Akkord. Achten Sie darauf keine Pausen beim Strumming zu machen. Immer im Rhythmus bleiben.

Alle Verse in diesem Lied werden mit dem folgenden Picking gespielt.

```
--0---1---0---3---3-----------8---8---7---7---------
--0-----------0-------0---0---0---0---0-------0-----
--3-------------------------7---------5-------------
----------3----------------------------------------
```

Vers 1:
You got a fast car I want a ticket to anywhere
maybe we can make a deal maybe together we can get somewhere
Anyplace is better starting from zero got nothing to lose
maybe we'll make something but me myself I got nothing to prove

Vers 2:
You got a fast car and I got a plan to get us out of here
I been working at the convience store, managed to save just a little bit of money
Won't have to drive too far, just 'cross the border and into the city
You and I can both get jobs and finally see what it means to be living

Vers 3:
See my old man's got a problem he live with the bottle that's the way it is
He says his body's too old for working, I say his body's too young to look like this
My mama went off and left him, she wanted more from life than he could give
I said somebody's gotta take care of him so I quit school and that's what I did

You got a fast car but is it fast enough so we can fly away
We gotta make a decision, we leave tonight or live and die this way

Refrain:

                         C
I remember when we were driving, driving in your car
   G
the speed so fast I felt like I was drunk
Em
    City lights lay out before us
        D
and your arm felt nice wrapped round my shoulder
   | C   Em | D
And I   had a feeling that I belonged
   | C Em | D | C   D |
And I   had a feeling I could be someone, be someone, be someone

Vers 5:
You got a fast car we go cruising to entertain ourselves
You still ain't got a job and I work in a market as a checkout girl
I know things will get better: You'll find work and I'll get promoted
We'll move out of the shelter buy a big house and live in the suburbs

Refrain: So remember when we were …

Vers 6:
You got a fast car and I got a job that pays all our bills
You stay out drinking late at the bar see more of your friends than you do of your kids
I'd always hoped for better thought maybe together you and me find it
I got no plans I ain't going nowhere so take your fast car and keep on driving

Refrain: So remember when we were …

Vers 7:
You got a fast car but is it fast enough so you can fly away?
You gotta make a decision: Leave tonight or live and die this way

The Mamas & the Papas – California dreamin'

Akkorde: Asus2, Asus4, A-Moll, E7sus2, G-Dur, F-Dur, E7

Pattern: Ab – Ab – Ab – Auf – Ab – Auf

Das Kapo befindet sich im 4. Bund. Dieses Lied beinhaltet den Barré Akkord F-Dur. Sollten Sie mit diesem Akkord noch Probleme haben, dann können Sie auch ein Fmaj7 spielen. Besteht ein Takt aus zwei Akkorden, so wird das Pattern gesplittet. Auf dem ersten Akkord wird „Ab – Ab" gespielt und auf dem zweiten Akkord „Ab – Auf – Ab – Auf".

Um das Lied mit dem original Strumming zu spielen, verwenden Sie bitte das folgende Schlagmuster: Ab – Ab – Ab – Auf – Auf – Ab – Ab – Auf – Ab

1	+	2	+	3	+	4	+	1	+	2	+	3	+	4	+
D		D		D	U		U			D		D	U	D	

D = Down (Ab), U = Up (Auf)

Intro:
Folgendes Picking wird drei Mal durchgespielt.

|Asus2 |Asus4 Am Asus2

```
|---------0---------3-1-0-|
|-----2-------------------|
|-2-----------2-----------|
|-------------------------|
```

Dann folgt noch ein Downstrum auf dem Akkord E7.

Vers 1:
```
              | Am     G | F        G   | E7sus4     | E7
All the leaves are brown        and the sky is grey
F            | C   E7 | Am       F      | E7sus4     | E7
I've been for a walk            on a winter's day
              | Am  G | F   G          | E7sus4     | E7
I'd be safe and warm        if I was in L.A.
```

Refrain:

        |Am   G |F   G | E7sus4 | E7sus4
California dreamin'   on such a winter's day

Vers 2:

Stopped into a church, I passed along the way
Well, I got down on my knees and I pretend to pray
You know the preacher liked the cold, he knows I'm gonna stay

Refrain:

California dreamin' on such a winter's day

Vers 3:

All the leaves are brown and the sky is grey
I've been for a walk on a winter's day
If I didn't tell her I could leave today

Outro:

        |Am   G |
California dreamin'
F   G |Am   G |
  On such a winter's day
F   G |Am   G |
  On such a winter's day
F   G |F Am |
  On such a winter's day

The Kinks – You really got me

Akkorde: G5, F5, C5, D5, A5

Pattern: Ab

Dieses Lied wird komplett mit Powerchords gespielt und klingt auf einer E-Gitarre mit Distortion am Besten. Drehen Sie also voll auf!

Intro:
F | G G F G   F | G G F G   F |

Vers 1:
G G F G   F G G F   G
Girl   you really got me going
                F G G F   G   F G G F G
 you got me so I don't know what I'm doing
F G G F G   F G G F   G
   Yeah   you really got me now
         F G G F   G   F G G F G
you got me so I can't sleep at night
A A G A   G A A G   A
Yeah   you really got me now
         G A A G   A   G A A G A
you got me so I don't know what I'm doing now
   C D D C D   C D D C   D
Oh yeah   you really got me now
         C D D C   D
you got me so I can't sleep at night

Refrain:
C   D D C D
You really got me
C   D D C D
You really got me
C   D D C D | C |
You really got me

80

Vers 2:

See don't ever set me free
I always wanna be by your side
Girl you really got me now
you got me so I can't sleep at night
Yeah you really got me now
you got me so I don't know what I'm doing now
Oh yeah you really got me now
 you got me so I can't sleep at night

Refrain:

You really got me
You really got me
You really got me

Vers 3:

See, don't ever set me free
I always wanna be by your side
Girl you really got me now
you got me so I can't sleep at night
Yeah you really got me now
you got me so I don't know what I'm doing now
oh yeah you really got me now
you got me so I can't sleep at night

Refrain:

You really got me.
You really got me.
You really got me.

Shocking blue – Venus

Akkorde: E-Moll, A-Dur, D-Dur, A-Moll, C7, B7, B7sus4

Pattern 1: Ab – Auf – Ab (Percussion) – Auf (open)
Pattern 2: Ab – Auf – Ab – Auf – Ab – Ab – Auf – Auf – Ab

Der Vers wird mit dem Pattern 1 gespielt. Als Anfängerversion kann der Percussion-schlag zunächst weggelassen werden. Um es noch einfacher zu halten, kann der Akkord C7 als C gespielt werden und beim Barré Griff (B7sus4) können der Ringfinger und der kleine Finger weggelassen werden. Es wird also nur der Zeigefinger über alle Saiten gelegt. Das ist zum Einstieg leichter und hört sich trotzdem gut an.

Intro:
Es wird B7sus4 im 7. Bund gegriffen und mit dem Pattern 2 zwei Mal hintereinander gespielt.

Mit dem Pattern 1 wird nun
Em   A   Em   A
gespielt.

Intro (Wiederholung):
Das Intro wird mit dem Pattern 2 zwei Mal hintereinander gespielt.
Dabei wird der Akkord B7sus4 wieder im Bund 7 gegriffen.

Vers 1:
Em   A   Em   A
A godness on a mountain top
Em   A   Em   A
was burning like a silver flame
Em   A   Em   A
the summit of beauty and love
Em   A   Em   A
and Venus was her name

Zwischenriff:

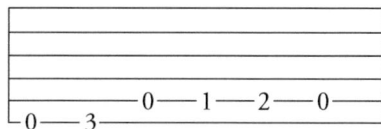

Refrain:

Am   **D**   **Am**   **D**   **Am**   **D**   **Am**   **D**
She's got it   yeah baby she's got it
C7 (1 Downstroke)   **B7** (1 Downstroke)   **Em**   **A**
I'm your Venus   I'm your fire   at your desire
C7 (1 Downstroke)   **B7** (1 Downstroke)   **Em**   **A**
I'm your Venus   I'm your fire   at your desire

Vers 2:

Em   **A**   **Em**   **A**
Her weapons were her crystal eyes
Em   **A**   **Em**   **A**
making every man mad
Em   **A**   **Em**   **A**
Black as the dark night she was
Em   **A**   **Em**   **A**
got what no one else had oh

Zwischenriff:
Siehe oben

Refrain:
She's got it, yeah baby she's got it
I'm your Venus, I'm your fire at your desire
I'm your Venus I'm your fire at your desire

She's got it, yeah baby she's got it
I'm your Venus I'm your fire at your desire
I'm your Venus I'm your fire at your desire

Lynyrd Skynyrd – Sweet home Alabama (Intro)

Mit dem Intro von diesem Lied können Sie, insbesondere für die E-Gitarre, typische Spieltechniken lernen, wie z.B. „Hammer on" und „Flic off". Zusätzlich üben Sie ihre Schnelligkeit zu erhöhen.

In den Tabs ist ein Hammer on mit einem „H" gekennzeichnet, ein Flic off mit einem „F" und Bending mit einem „B".

Don McLean – American Pie

Akkorde: G-Dur, Big G. D/F#, D-Dur, C-Dur, E-Moll, A-Moll, A7, D7

Pattern 1: Ab – Ab – Auf (open)
Pattern 2: Ab – Ab – Auf – Auf – Ab – Auf (open)

Mit diesem Lied in diesem Buch werden Sie wachsen können. Es wird zwar ein wenig dauern, bis Sie die endgültige Version spielen können, aber es lohnt sich. Für den Anfang werde ich ein paar Tipps mit auf den Weg geben, die beschreiben, wie Sie manche Abschnitte einfacher spielen können.
Grundsätzlich werden die Verse mit dem Pattern 2 gespielt, jedoch bildet der erste Vers eine Ausnahme. Hier wird pro Akkord nur ein Downstrum gespielt.
Der Refrain wird immer mit dem Pattern 1 gespielt. Hier gibt es auch keine Ausnahmen.
Allerdings gibt es ab dem zweiten Vers in jedem Vers eine Stelle, an der nur 1 Downstrum pro Akkord gespielt wird. Diese habe ich extra mit zwei Sternen (**) kenntlich gemacht.
Wenn hinter einem Akkord ein Stern (*) steht, dann können Sie statt des Pattern 2 folgendes spielen:

Ab	Ab	Auf	Auf	Ab
Dsus4	D-Dur	Dsus2	D-Dur	D-Dur

Um das Lied zu vereinfachen, können Sie die folgenden Akkorde gegen Ihnen bereits bekannte Akkorde austauschen.

Statt eines Big G spielen Sie einfach G-Dur und statt des D/F# spielen Sie D-Dur. Sollten Sie noch Probleme mit dem Akkord D7 haben, dann können Sie diesen ebenfalls gegen einen D-Dur austauschen.
Und nun noch die letzte Info, bevor Sie loslegen können. Stehen zwei Akkorde in einem Takt, dann wird immer das Pattern 1 auf den jeweiligen Akkord angewendet.

<u>Vers 1:</u>

```
   G     D/F# Em      Am           C
A long,  long  time  ago  I  can  still  remember
            Em                D
how that music used to make me smile
     G         D/F# Em            Am               C
And I knew if I had my chance that I could make those people dance
     Em         C          D     D *
And, maybe, they'd be happy for a while
Em**         Am**         Em**          Am**
    But february made me shiver    with every paper I'd deliver.
C      Big G  Am      C                         D
Bad news on the doorstep; I couldn't take one more step
 G   D/F#    Em           Am         D
I can't remember if I cried when I read about his widowed bride
   G         D/f#      Em          C    D    G
but something touched me deep inside the day the music died
```

<u>Refrain:</u>

```
   G    C       G        D
So Bye-bye, Miss American Pie
           G         C       G        D
Drove my chevy to the levee but the levee was dry
           G        C            G         D
And then good old boys were drinkin' whiskey and rye
          Em**               A7 **
Singin', this'll be the day that I die
Em **              D7 **
this'll be the day that I die
```

<u>Vers 2:</u>

```
G                Am
   Did you write the book of love
        C              Am       Em       D        D*
and do you have faith in God above, if the Bible tells you so?
   |G   D/F#|  Em            Am            C
Do you believe in rock 'n roll, can music save your mortal soul
   Em         A7          D       D*
and can you teach me how to dance real slow?
      Em **          D **            Em**           D **
Well, I know that you're in love with him, `cause I saw you dancin' in the gym
   |C         Big G    |A7      C                   D7
You both kicked off your shoes, man, I dig those rhythm and blues
   |G      D/F#|  Em            Am             C
I was a lonely teenage broncin' buck with a pink carnation and a pickup truck
   |G      D/F#|Em        C    D7   |G | C
But I knew I was out of luck the day the music died
```

<u>Refrain:</u>

```
 G       D
   I started singing
   G   C      G       D
So Bye-bye, miss American Pie
         G         C       G       D
Drove my chevy to the levee but the levee was dry
         G         C          G          D
And then good old boys were drinkin' whiskey and rye
      Em**                A7 **
Singin', this'll be the day that I die
Em **               D7 **
this'll be the day that I die
```

Helter skelter in a summer swelter
the birds flew off with a fallout shelter
Eight miles high and falling fast
it landed foul on the grass
The players tried for a forward pass
with the jester on the sidelines in a cast
Now the half-time air was sweet perfume
while the sergeants played a marching tune
We all got up to dance
oh, but we never got the chance
'Cause the players tried to take the field
the marching band refused to yield
Do you recall what was revealed
the day the music died?

Refrain:
We started singin' …

Vers 4:
Oh, and there we were all in one place
a generation lost in space
With no time left to start again
so come on Jack be nimble, Jack be quick
Jack Flash sat on a candlestick
'Cause fire is the devil's only friend
oh, and as I watched him on the stage
my hands were clenched in fists of rage
No angel born in Hell
could break that Satan's spell
And as the flames climbed high into the night
to light the sacrificial rite
I saw Satan laughing with delight
The day the music died

Refrain:
He was singin' …

I met a girl who sang the blues
and I asked her for some happy news
but she just smiled and turned away
I went down to the sacred store
where I'd heard the music years before
But the man there said the music wouldn't play
and in the streets, the children screamed
the lovers cried and the poets dreamed
But not a word was spoken
The church bells all were broken
And the three men I admire most
the Father, Son and the Holy Ghost
They caught the last train for the coast
the day the music died

Refrain:
And they were singin' …

Refrain:
They were singin' …

Tears for Fears – Everybody wants to rule the world

Akkorde: Dmaj7, G-Dur, F#m, E-Moll, A-Dur

Pattern 1: Ab – Ab
Pattern 2: Auf – Auf – Ab – Auf – Auf – Ab – Auf – Ab – Auf – Ab – Auf
Pattern 3: Ab – Ab – Ab – Auf – Ab
Pattern 4: Ab – Ab – Auf
Pattern 5: Ab – Auf – Ab – Auf – Ab

Die Verse werden mit den Pattern 1 und 2 gespielt, die Bridge mit den Pattern 3 und 4 und die Refrains werden mit den Pattern 4 und 5 gespielt.

<u>Intro:</u>
Der Zeigefinger greift in Bund 3 auf Saite 2 und der Mittelfinger greift in Bund 4 auf Saite 3. Saite 3 wird nun ein Mal angespielt und während der Ton erklingt wird ein Slide durchgeführt. Der Slide endet für den Zeigefinger in Bund 10 auf Saite 2 und für den Mittelfinger in Bund 11 auf Saite 3. Dort angekommen, wird Saite 3 wieder angespielt und danach der Ringfinger auf Saite 2 im 13. Bund gesetzt. Nun wird Saite 2 gespielt, der Ringfinger hochgenommen und Saite 2 zwei Mal angespielt.
Der Ringfinger wird nun wieder auf Saite 2 in Bund 13 gesetzt und die Saite wieder ein Mal angespielt, dann hochgenommen und die Saite wird wieder zwei Mal angespielt. Dieser Wechsel vollzieht sich insgesamt acht Mal.

|D   G|D   G|D   G|D   G|D   G

<u>Vers 1:</u>
```
                    D   G
Welcome to your life
                      D   G
There's no turning back
                    D   G
Even while we sleep
We will find you
```

Refrain:
```
  Em            F#m
Acting on your best behaviour
G                F#m
Turn your back on mother nature
Em  F#m  G       A      | D   G
Everybody wants to rule the world
```

Link:
```
| D   G | D   G |
```

Vers 2:
```
            D   G
It's my own design
            D   G
It's my own remorse
            D   G
Help me to decide
Help me make the...
```

Refrain:
```
Em                  F#m
... most of freedom and of pleasure
G           F#m
Nothing ever lasts forever
Em  F#m  G       A
Everybody wants to rule the world
```

Bridge:
```
G                    D       A     G
  There's a room where the light won't find you
                   D        A         G
Holding hands while the walls come tumbling down
                  D    A
When they do I'll be right behind you
```

So glad we've almost made it
So sad they had to fade it
Everybody wants to rule the world

Solo:
|D G|D G|D G|D G|

Refrain:
I can't stand this indecision
Married with a lack of vision
Everybody wants to rule the world

Refrain:
Say that you'll never never never never need it
One headline why believe it ?
Everybody wants to rule the world

Solo:
|D G|D G|D G|D G|

Refrain:
All for freedom and for pleasure
Nothing ever lasts forever
Everybody wants to rule the world

Outro:
|D G|D G| repeat to fade on G

Schlusswort

Wenn Sie nicht zu den Leuten gehören, die ganz gerne das Ende vor dem Anfang lesen, dann haben Sie es geschafft! Sie dürfen sich jetzt fortgeschrittener Anfänger nennen (gerne können Sie sich auch anders nennen).

Fest steht jedoch, dass Sie sich ziemlich viel mit der Gitarre beschäftigt haben. Sie hatten sicherlich – ebenso wie ich auch – etliche Höhen und Tiefen, schlechte Tage und gute Tage. Aber das Wichtigste ist, dass Sie alle Zeiten gemeistert haben und echten Willen zum Durchhalten bewiesen haben. Darauf können Sie stolz sein. Ich hoffe Ihre Familie musste nicht so sehr unter Ihrem neuen Hobby leiden, wie meine manchmal.

Wenn Sie dem – mittlerweile wahrscheinlich – lieb gewonnenem Hobby treu bleiben wollen, werden Sie wohl nicht drum herum kommen, sich ein neues Buch zu kaufen, sich Lernvideos auf Youtube anzusehen oder ähnliches.

Was auch immer Ihr Weg sein mag, ich wünsche Ihnen weiterhin viel Erfolg und vor allem viel Spaß mit Ihrer Gitarre und der Musik!

Glossar

Begriff	Erklärung
Amp (Amplifier)	Verstärker
Arpeggio	Noten eines Akkords werden einzeln gespielt
Bassnote	Tiefste Note zu einem Akkord
bpm	Beats per minute (Schläge pro Minute)
chords	Akkorde
Distortion	Ist ein Effekt beim Verstärker. Meint das Übersteuern bzw. Verzerren.
Downstrum (Downstroke)	Ein Abschlag (von oben nach unten) über die Saiten.
Fingerstyle	Synonym für Picking
Flic off	Synonym für Pull off
Fret	Bund
Hammer on	Mit einem Finger der Akkordhand wird auf eine Saite geschlagen (gehämmert) und der Finger verbleibt auf der Saite. Durch dieses „hämmern" wird ein Klang erzeugt.
Oktave	Ein Intervall, das eine bestimmte Einteilung in acht Tonstufen einer Tonleiter umfasst.
Open Strum oder String	Eine, mehrere oder alle Saiten werden geschlagen, ohne einen Akkord zu greifen.
Overdrive	Siehe Distortion
Pattern	Muster, meint das Schlagmuster
Percussionschlag	Ein Downstrum, bei dem die Handkante als erstes auf alle Saiten trifft und dann das Plektron von oben nach unten über die Saiten geschlagen wird.
Picking (Fingerpicking)	Einzeln gespielte Saiten (Noten)
Plec / Plek	Plektron oder auch Plektrum

Begriff	Erklärung
Pull off	Es wird mit der Akkordhand eine Saite gespielt. Der Finger wird dabei von der Saite heruntergezogen und erzeugt so einen Klang.
Quinte	Ein Intervall, das fünf Tonstufen einer Tonleiter umfasst.
Reverb	Reverb ist ein Effekt bei manchen Verstärkern und ermöglicht einen Nachhall.
Riff	Eine - meist prägnante - sich wiederholende Akkordabfolge. Beispiel: Smoke on the water von Deep Purple.
Slide	Einen Ton spielen und anschließend mit dem Finger auf der klingenden Saite entlang fahren (Richtung Gitarrenkopf).
String	Saite
Strumming	Schlagen (der Saiten)
Strumming Pattern	Schlagmuster
Tabulatur (Tabs)	Eine Art der Notation für Lieder, die nicht auf Noten basiert.
Terz	Ein Intervall, das drei Tonstufen einer Tonleiter umfasst.
Upstrum (Upstroke)	Ein Aufschlag (von unten nach oben) über die Saiten.

Notizen